JN219400

事例でつかむ

REAL ESTATE APPRAISAL

税務に活かす不動産鑑定評価

税理士・不動産鑑定士
井上幹康［著］

相続税申告 土地建物の内訳算定
建物法人化スキーム 取得費不明時

税務経理協会

はじめに

　相続税申告における不動産の評価方法は、評価通達に定められているため、それに従い評価をすれば、評価通達6項で覆されない限りは税務調査で否認されることは少ないと考えられます。しかし、不動産は個別性の塊で、形式的に全ての不動産の評価を評価通達で行うには限界があります。評価通達では対応しきれない個別的な減価要因がある不動産では、鑑定評価を利用することで結果的に納税額を抑えることができます。もちろん、鑑定報酬がかかることを勘案しなければなりませんし、過去には鑑定評価が認められなかった裁決例・裁判例も多くあるため、十分に検討が必要ですが、実現できればクライアントの期待に大きく応えられることになります。本書第1章では、相続税申告における鑑定評価の使いどころとして、鑑定評価額による相続税申告が認められる要件、過去の裁決例・裁判例、筆者が実際に関与した事案などを解説しています。

　また、税務において鑑定評価を検討すべき場面は相続税申告だけではありません。本書第2章以降では、相続税申告以外の場面における鑑定評価の使いどころとして、具体的にどのような場面で鑑定評価が使えるのか、筆者が実際に関与した事案や、過去の裁決例・裁判例を事例形式で解説しています。

　なお、ほとんど鑑定士と関わったことがない税理士のために、本書冒頭で鑑定報酬の相場感、鑑定士との付き合い方等についても触れています。

　本書を通じて、1人でも多くの税理士に税務における鑑定評価の使いどころを知っていただき、不動産鑑定士という存在をもっと身近に感じてもらえたら筆者冥利に尽きます。

　最後に、筆者が実際に関与した事案を書籍において事例として活用することを承諾くださった依頼者の顧問税理士、依頼者の方々、さらには、編集担当者の税務経理協会の中村謙一氏には、深く感謝申し上げます。

2024年10月

井上幹康

CONTENTS

第 3 章　建物法人化スキームにおける鑑定評価の使いどころ

凡例

財産評価基本通達	評価通達
所得税法	所法
所得税基本通達	所基通
法人税法	法法
相続税法	相法
相続税法基本通達	相基通
租税特別措置法	措法
租税特別措置法施行令	措令
租税特別措置法通達	措通

不動産鑑定士と関わったことがない
税理士のために

SECTION 1
税務における鑑定評価の使いどころ

　税務における鑑定評価の使いどころとしては、相続税申告（贈与税申告を含みます（以下同様））における不動産評価の場面とそれ以外の場面に大別されます。

① 相続税申告における不動産評価の場面

　相続税法 22 条は、同法 3 章で特別の定めのあるもの (注) を除くほか、相続、遺贈又は贈与により取得した財産の価額は、当該財産の取得の時における時価により算定すると規定しています。この時価とは、相続開始時における当該財産の客観的交換価値をいうものと解されています（最高裁平成 22 年 7 月 16 日第二小法廷判決・裁判集民事 234 号 263 頁）。

(注)　相続税法で評価方法について特別の定めがあるものとしては、地上権及び永小作権（同法 23）、配偶者居住権等（同法 23 の 2）、定期金に関する権利（同法 24）、立木（同法 26）があります。

　実務上は、財産が多種多様であり、時価評価が必ずしも容易なことではなく、評価に関与する者次第で個人差があり得るため、納税者間の公平の確保、納税者及び課税庁双方の便宜、経費の節減等の観点から、全国一律で画一的な評価方法として評価通達が国税庁によって定められており、原則としてこの評価通達に基づく通達評価額が相続税申告における不動産の時価とされています。

　ただし、不動産について通達評価額によらず鑑定評価額に基づき相続税申告を行うことも、通達に拘束さない納税者の権利であり、そのこと自体問題はありませんが、それが認められる要件のハードルは高いです。詳細は、第 1 章をご確認ください。

② ①以外の場面

　相続税申告以外の場面でも、法人税、消費税、所得税等の課税関係を判断する上

で不動産の時価が問題となる場面は多々あります。これらの場面では、相続税申告と異なり、不動産の評価方法として評価通達のようなものはありません。もっとも、実務上は鑑定評価をとる手間とコストの問題もあり、土地は評価通達による通達評価額を0.8で割り戻した額、建物は簿価や固定資産税評価額などを時価として用いている税理士も多いです。

　ただし、手間とコストをかけてでも鑑定評価をとるメリットがある場面は多々あります。詳細は、第2章以降をご確認ください。

③　鑑定評価を使うことの意義

　税務において鑑定評価を使うというと、不動産鑑定士に鑑定評価書の作成を依頼することをイメージする税理士が多いかと思いますが、それだけではありません。鑑定評価の考え方を不動産鑑定士に相談したり、税理士では入手できない情報・資料等を不動産鑑定士から入手したりすることで税務に役立てることができる場面があります。本書では、税務において鑑定評価を行うべき場面だけでなく、不動産鑑定士に相談したり、不動産鑑定士が持つ情報・資料等を税務に生かせる場面についても紹介しています。

SECTION 2
鑑定報酬の相場感

　鑑定報酬は不動産鑑定業者が自由に設定でき、これによらなければならないという絶対的な報酬基準はありません。ただし、国土交通省の中央用地対策連絡協議会事務局から（公財）日本不動産鑑定士協会連合会宛の「（事務連絡）公共事業に係る不動産鑑定報酬基準（令和2年3月改訂）」に記載されている鑑定報酬表（以下「用対連の鑑定報酬表」といいます）を基に報酬を設定している不動産鑑定業者が多いです。

　なお、この用対連の鑑定報酬表は国土交通省及び（公財）日本不動産鑑定士協会連合会のウェブサイトでは確認できないので、ここでは用対連の鑑定報酬表とほぼ同じ内容の国税庁ホームページに掲載されている高松国税局作成「差押不動産等基本鑑定報酬額表」（令和6年1月29日）を以下引用します。

　この「差押不動産等基本鑑定報酬額表」について若干補足すると、金額は税抜き表示になっています。また、貸家の場合には、別表に定めるA、E、F又はGのうち、該当する区分の鑑定報酬額に30％を加算することとされています。不動産鑑定業者によっては、自社ホームページ上で鑑定報酬表を開示しているところも多いので依頼する前にホームページを確認してみるとよいかと思います。また、不動産鑑定業者は毎年1回、事業実績などを報告する義務があり、その結果が国土交通省ホームページ上で公開されています（以下リンク）。これを見ると、各鑑定業者がどのような依頼先からどのような依頼目的で何件依頼を受けているかなどが読み取れます。

■国土交通省ホームページ「不動産鑑定業者の事業実績」

（https://www.mlit.go.jp/totikensangyo/totikensangyo_tk4_000018.html）

　評価する不動産の類型（タイプ）によってスタートの最低報酬が異なりますが、鑑定評価額が高くなればなるほど鑑定報酬も高くなります。概ね鑑定評価額10億円前後で鑑定報酬100万円前後です。筆者自身、税理士から税務における鑑定評価の依頼をいただいていますが、鑑定評価額でいうと10億円以下がほとんどです（過

去 1 件だけ 10 億円以上の案件がありました）。鑑定報酬でいうと、数十万円の案件がほとんどです。

別表　差押不動産等基本鑑定報酬額表

評価額 ＼ 類型	A　宅地又は建物の所有権	B　宅地見込地の所有権	C　農地、林地、原野、池沼、墓地、雑種地の所有権	D　宅地の借地権、底地（貸地）の所有権、地役種
5 百万まで	161,000　円	208,000　円	314,000　円	155,000　円
10　〃	161,000	260,000	368,000	180,000
15　〃	174,000	337,000	446,000	219,000
20　〃	181,000	362,000	458,000	229,000
25　〃	199,000	398,000	494,000	253,000
30　〃	211,000	422,000	518,000	277,000
40　〃	229,000	458,000	554,000	313,000
50　〃	253,000	494,000	590,000	349,000
60　〃	277,000	518,000	614,000	373,000
80　〃	313,000	554,000	651,000	410,000
100　〃	351,000	592,000	689,000	448,000
120　〃	379,000	620,000	717,000	476,000
150　〃	413,000	654,000	751,000	510,000
180　〃	449,000	685,000	781,000	540,000
210　〃	478,000	704,000	800,000	559,000
240　〃	507,000	724,000	820,000	579,000
270　〃	536,000	743,000	839,000	598,000
300　〃	564,000	762,000	858,000	617,000
350　〃	589,000	787,000	880,000	643,000
400　〃	611,000	819,000	904,000	673,000
450　〃	632,000	851,000	928,000	704,000
500　〃	654,000	882,000	952,000	734,000
550　〃	676,000	914,000	977,000	765,000
600　〃	698,000	946,000	1,001,000	795,000
700　〃	721,000	979,000	1,030,000	827,000
800　〃	744,000	1,013,000	1,064,000	860,000
900　〃	768,000	1,047,000	1,099,000	893,000
1,000　〃	791,000	1,081,000	1,133,000	926,000
1,100　〃	814,000	1,116,000	1,168,000	959,000
1,200　〃	837,000	1,150,000	1,203,000	991,000
1,200 百万円を超え 2,500 百万円までのもの	837 千円に 1 億円ごとに 19 千円を加算	1,150 千円に 1 億円ごとに 26 千円を加算	1,203 千円に 1 億円ごとに 22 千円を加算	991 千円に 1 億円ごとに 20 千円を加算
2,500 百万円を超え 5,000 百万円までのもの	1,084 千円に 1 億円ごとに 14 千円を加算	1,488 千円に 1 億円ごとに 17 千円を加算	1,489 千円に 1 億円ごとに 17 千円を加算	1,251 千円に 1 億円ごとに 14 千円を加算
5,000 百万円を超え 10,000 百万円までのもの	1,434 千円に 1 億円ごとに 8 千円を加算	1,913 千円に 1 億円ごとに 12 千円を加算	1,914 千円に 1 億円ごとに 12 千円を加算	1,601 千円に 1 億円ごとに 8 千円を加算
10,000 百万円を超え 50,000 百万円までのもの	1,834 千円に 1 億円ごとに 5 千円を加算	2,513 千円に 1 億円ごとに 7 千円を加算	2,514 千円に 1 億円ごとに 7 千円を加算	2,001 千円に 1 億円ごとに 5 千円を加算
50,000 百万円を超えるもの	3,834 千円に 1 億円ごとに 4 千円を加算	5,313 千円に 1 億円ごとに 6 千円を加算	5,314 千円に 1 億円ごとに 6 千円を加算	4,001 千円に 1 億円ごとに 4 千円を加算

（※）評価額とは、各類型に係る対象不動産の評価に影響を及ぼす権利（借地権、共有持分等）が存在しないとした

E　区分地上権	F　自用の建物及びその敷地の所有権	G　建物の区分所有権	H　調査報告書・意見書の作成（実地調査あり）	I　調査報告書・意見書の作成（実地調査なし）
208,000　円	210,000　円	204,000　円	80,000　円	40,000　円
234,000	236,000	230,000	80,000	40,000
286,000	275,000	280,000	80,000	40,000
313,000	277,000	313,000	80,000	40,000
349,000	301,000	349,000	80,000	40,000
373,000	325,000	373,000	80,000	40,000
410,000	362,000	410,000	80,000	40,000
446,000	398,000	446,000	80,000	40,000
470,000	422,000	470,000	80,000	40,000
506,000	458,000	506,000	80,000	40,000
544,000	496,000	544,000	80,000	40,000
572,000	524,000	572,000	80,000	40,000
606,000	558,000	606,000	80,000	40,000
637,000	588,000	637,000	80,000	40,000
656,000	607,000	656,000	80,000	40,000
676,000	627,000	676,000	80,000	40,000
695,000	646,000	695,000	80,000	40,000
714,000	665,000	714,000	80,000	40,000
739,000	691,000	739,000	80,000	40,000
770,000	722,000	770,000	80,000	40,000
802,000	753,000	802,000	80,000	40,000
833,000	784,000	833,000	80,000	40,000
864,000	815,000	864,000	80,000	40,000
896,000	845,000	896,000	80,000	40,000
928,000	877,000	928,000	80,000	40,000
962,000	910,000	962,000	80,000	40,000
995,000	944,000	995,000	80,000	40,000
1,029,000	977,000	1,029,000	80,000	40,000
1,063,000	1,010,000	1,063,000	80,000	40,000
1,097,000	1,044,000	1,097,000	80,000	40,000
1,097 千円に 1 億円ごとに 21 千円を加算	1,044 千円に 1 億円ごとに 21 千円を加算	1,097 千円に 1 億円ごとに 21 千円を加算	80,000	40,000
1,370 千円に 1 億円ごとに 14 千円を加算	1,317 千円に 1 億円ごとに 14 千円を加算	1,370 千円に 1 億円ごとに 14 千円を加算	80,000	40,000
1,720 千円に 1 億円ごとに 8 千円を加算	1,667 千円に 1 億円ごとに 8 千円を加算	1,720 千円に 1 億円ごとに 8 千円を加算	80,000	40,000
2,120 千円に 1 億円ごとに 5 千円を加算	2,067 千円に 1 億円ごとに 5 千円を加算	2,120 千円に 1 億円ごとに 5 千円を加算	80,000	40,000
4,120 千円に 1 億円ごとに 4 千円を加算	4,067 千円に 1 億円ごとに 4 千円を加算	4,120 千円に 1 億円ごとに 4 千円を加算	80,000	40,000

場合の鑑定評価額をいう。

（出典：高松国税局作成「差押不動産等基本鑑定報酬額表」（令和 6 年 1 月 29 日））

SECTION 3
税務における鑑定評価の依頼のポイント

　税務における鑑定評価では、特に税務調査に耐え得るだけの鑑定評価書のクオリティの高さが求められます。クオリティの高い鑑定評価書を書くことは不動産鑑定士に当然求められることなのですが、依頼する税理士もクオリティの高い鑑定評価書を得るために、依頼に当たって押さえておくべきポイントがあります。具体例を挙げれば以下のとおりです。

1　取引の背景・目的・前提を漏れなく伝え必要な資料を提供すること

　鑑定評価のクオリティは、不動産鑑定士が評価に当たって入手できた情報・資料の質と量に左右されるといっても過言ではありません。依頼者からの情報・資料提供はもちろんのこと、税理士が持つ情報・資料であっても鑑定評価に当たり有用なものが多々ありますので、依頼者の許可を得た上で不動産鑑定士に提供するとよいでしょう。収益物件（貸家及びその敷地）の鑑定評価を例に、税理士が持つ収益物件に関する情報・資料で鑑定評価に役立つものを挙げると以下のとおりです。

- ・現賃借人との賃貸借契約書控え
- ・現賃借人に関する情報（家賃改定履歴、家賃滞納履歴等）
- ・管理会社との管理業務委託契約書控え
- ・収益物件に係る直近数年の損益実績（PL 情報）
- ・収益物件の直近数年間の稼働状況（空室状況）の情報
- ・固定資産税課税明細書
- ・収益物件に係る固定資産台帳（本体及び資本的支出の履歴情報）
- ・収益物件建築時の工事請負契約書（中古購入の場合は、売買契約書）

② 不動産鑑定評価基準に則った鑑定評価業務として依頼すること

　鑑定報酬を安く済ませるため、鑑定評価基準に則った鑑定評価業務に比べて安価な意見書や、調査報告書等の鑑定評価基準に則らない価格等で調査業務を不動産鑑定士に依頼しているケースをよく見かけます。しかし、税務における鑑定評価では、鑑定報酬を出し惜しみせずに不動産鑑定評価基準に則った鑑定評価業務として不動産鑑定士に依頼すべきです。

③ 不動産鑑定士に依頼者プレッシャーをかけないこと

　不動産鑑定士に対して、税理士及び依頼者が希望価格等を伝えるのは通常のことですが、「この価格で評価書を出してくれ」、「この価格以下の評価額で評価してくれ」など過度にプレッシャーをかけるべきではありません。こうしたプレッシャーがかかった状況下で作成された鑑定評価書のクオリティはおのずと低いものになってしまいます。鑑定業界ではこれらは依頼者プレッシャーと呼ばれており、依頼者プレッシャーにより不動産鑑定士による適正な鑑定評価業務の遂行が困難と判断した場合には依頼自体受けられません。

④ 不動産鑑定士による現地調査や建物内覧が行えるよう依頼者に働きかけること

　特に建物を含む鑑定評価では、建物の内覧を行うことがクオリティの高い鑑定評価額を求めるために必要不可欠です。貸家の場合、建物の内覧に当たっては建物所有者の同意に加え、賃借人の同意が必要です。クオリティの高い鑑定評価のためには不動産鑑定士による建物内覧が必要である旨を税理士から依頼者に伝え、賃借人に内覧許可をもらえないか交渉してもらう等、働きかけるとよいでしょう。

5 費用対効果を踏まえセカンドオピニオンや複数鑑定を行うか検討すること

　鑑定評価には不動産鑑定士の判断が伴いますので、評価する不動産鑑定士が異なればおのずと評価額も異なります。特に規模が大きく総額が嵩む不動産の場合、各種査定数値が少し異なるだけで評価額が大きく異なり、税務にも大きな影響を及ぼします。このような場合には、費用対効果も踏まえて、他の不動産鑑定士のセカンドオピニオンや複数鑑定を行い、評価額のクオリティ検証を行うのが有用です。

SECTION 4
良い鑑定士とは

　税務における鑑定評価では、特に税務調査に耐え得るだけの鑑定評価書のクオリティの高さが求められます。したがって、クオリティの高い鑑定評価書を書いてくれる不動産鑑定士に依頼するのがよいといえます。しかし、クオリティの高い鑑定評価書を書いてくれる不動産鑑定士かどうかは実際に依頼してみないと分かりませんので、税理士からの鑑定評価業務の依頼を多数受けており、税務にも明るい不動産鑑定士を探すのがよいと思われます。

　さらに付け加えるとすれば、鑑定評価業務の見積段階で、鑑定評価額の概算額又はレンジを示してくれる不動産鑑定士がよいと思います。

　不動産鑑定士側からしても、安易に税理士から鑑定評価業務の依頼を受け、鑑定評価額を提示した結果、税理士及び依頼者の希望価格と大きく異なりトラブルに発展するといったことも回避できますので、多少手間がかかっても見積段階で鑑定評価額の概算額又はレンジを示しておいた方がよいと思われます。税理士としては、依頼者に鑑定評価を提案するに当たり、鑑定報酬の金額感だけでなく、鑑定評価を行うことでどんなメリットがあるか（相続税申告の場合、否認リスクなどのデメリットも）、鑑定評価を行うことで税額はどれくらいになるのかなど、費用対効果を丁寧に説明する必要があります。鑑定評価業務の見積段階で、鑑定評価額の概算額又はレンジが分かれば税理士から依頼者に説明・提案しやすくなります。

第1章

相続税申告における
鑑定評価の使いどころ

SECTION 1
通達評価額より低い鑑定評価額による
相続税申告が認められる要件

　相続税申告における不動産の評価方法は評価通達に定められていますが、この評価通達による評価額（以下「通達評価額」といいます）ではなく、通達評価額より低い鑑定評価額による申告は認められるのでしょうか。

1　通達評価額より低い鑑定評価額が認められるための要件

　不動産について通達評価額によらず鑑定評価額に基づき相続税申告を行うことも、通達に拘束されない納税者の権利であり、そのこと自体問題はありません。

　ただし、通達評価額より低い鑑定評価額による相続税申告が認められるためには、「特別の事情」が認められる必要があります。過去の裁決例や裁判例を踏まえると、「特別の事情」が認められるためには、以下 3 つの要件を満たす必要があると考えます。

要件① 鑑定評価額の金額要件
　鑑定評価額が通達評価額を下回ること
要件② 鑑定評価書の合理性（クオリティ）要件
　その鑑定が不動産鑑定評価基準に厳密に則っていること等
要件③ 評価通達による評価方法の合理性欠如要件
　相続税路線価について評定誤りがあること、又は、評価通達における各種評価減の取扱いでは補足しきれていない対象不動産の個別的な減価要因があること

2　「特別の事情」が認められるための要件

　「特別の事情」に関しては、法令・通達上に明文規定等がなく、実務上判断に悩むグレーゾーンになります。この点、山田重将著「財産評価基本通達の定めによら

ない財産の評価について―裁判例における「特別の事情」の検討を中心に―」（税大論叢）によれば、要件①②による説（合理性比較説）と要件①②③による説（合理性欠如説）について触れた上で、『不動産鑑定評価と「特別の事情」の関係は、合理性欠如説によるべきであり、単に不動産鑑定評価額が評価通達に基づく評価額を下回るというのみでは「特別の事情」は認められないと考える』と述べられています。過去の裁決例や裁判例をみても、上記要件①②を満たすだけでは不十分で、要件③を充たして初めて「特別の事情」が認められると解されているものが圧倒的に多いです。以下、要件①～③について補足していきます。

(1) 要件① 鑑定評価額の金額要件

　鑑定評価額が通達評価額をどの程度下回ればよいといった形式的な基準はありません。もっとも、不動産の時価とはある１つの価額に限られるものではなく、時価として許容される範囲・幅がありますので、鑑定評価額と通達評価額の乖離が小さい場合には、通達評価額も時価の範囲内であり、時価を超えていないという見方も出てきます。また、鑑定評価額が通達評価額をわずかに下回る程度だと、相続税の節税額も小さく、納税者からすればあえて鑑定報酬を支払ってまで鑑定評価額で時価申告することの実益も少ないでしょう。

(2) 要件② 鑑定評価書の合理性（クオリティ）要件

　過去の裁決例や裁判例ではこの要件②を充たさないとして、納税者による鑑定評価額による時価申告が認められなかったケースが圧倒的に多いです。鑑定評価書のクオリティが低下する原因の１つに、税理士からの依頼には「通達評価額よりも下げてほしい」という背景があるため、不動産鑑定士としてはこれ以上下がらないところからさらに恣意的に査定根拠の乏しい減価を入れてしまっているということが挙げられます。ただし、納税者の鑑定評価書のクオリティが低く要件②を充たさない場合でも要件③を満たす場合には、審判所がクオリティの高い鑑定評価を採用してそれが時価として認められたケースなどもあります。

(3) 要件③ 評価通達による評価方法の合理性欠如要件

　過去の裁決例や裁判例のうち要件③が認められたケースでは、評価通達における

各種評価減の取扱いでは補足しきれていない対象不動産の個別的な減価要因の存在が指摘されています。ただし、評価通達においても各種評価減の取扱いが網羅されていますので、要件③を満たす不動産のタイプは現状かなり限られています。税理士としては、過去の裁決例・裁判例でこの要件③を満たすとされた不動産のタイプを把握しておき実務で類似不動産に遭遇した際に気付けるかどうか、さらには、通達評価額を算出する過程で評価通達では考慮しきれていない減価要因の存在に気付けるかどうかが重要なポイントとなります。

3 まとめ

　要件①～③は個々に独立した要件ではなく、相互に関連性を有する要件であると筆者は考えています。すなわち、評価通達における各種評価減の取扱いでは補足しきれていない対象不動産の個別的な減価要因が存在する場合において（要件③）、それを的確に捉えて適正な鑑定評価を行うことで（要件②）、通達評価額よりも低い鑑定評価額が算出される（要件①）ということになります。

通達評価額より低い鑑定評価額による相続税・贈与税申告が認められた裁決例・裁判例

通達評価額より低い鑑定評価額による相続税・贈与税申告が認められた裁決例・裁判例として以下5件について解説していきます。

❶　通路開設費用の割合が100分の40を超える無道路地 （大阪地判 H29.6.15 TAINS:Z267-13024）

評価通達 20-3 による無道路地補正は、その補正前の価額から 100 分の 40 の範囲内で、通路開設費用相当額を控除することとされています。

裁判所は、以下のとおり、評価対象地（【図表 1】）について、通路開設費用が多額で 100 分の 40 を超えており、評価通達による評価方法では、接道義務を満たしていないことを十分に反映することができない（要件③を満たす）と判断しています。

【図表 1：評価対象地の概要】

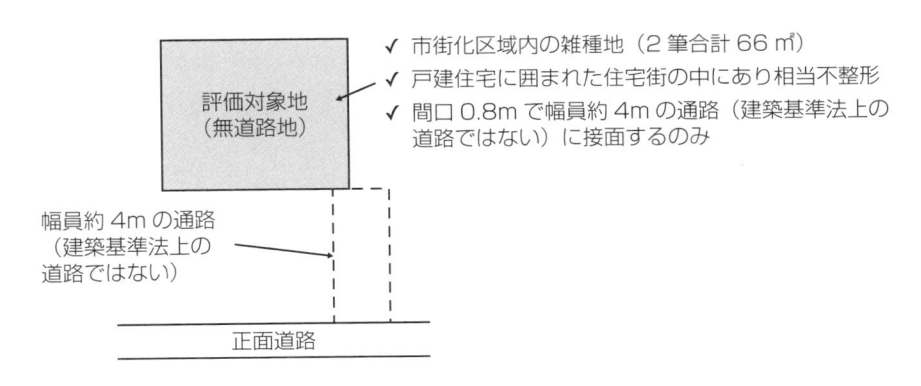

- ✓ 市街化区域内の雑種地（2 筆合計 66 ㎡）
- ✓ 戸建住宅に囲まれた住宅街の中にあり相当不整形
- ✓ 間口 0.8m で幅員約 4m の通路（建築基準法上の道路ではない）に接面するのみ

幅員約 4m の通路（建築基準法上の道路ではない）

正面道路

（筆者作成）

評価通達 20－2（現 評価通達 20－3）によれば、無道路地補正は、実際に利用している路線の路線価に基づき、不整形地補正をした価額から 100 分の 40

の範囲内で、通路開設費用相当額を控除する方法で行うこととなっているところ、計算によれば丙土地の通路開設費用相当額は912万6,600円であり、これは丙土地の不整形地補正後の価格である549万8,612円すら上回る金額であり、その100分の40をはるかに超える金額となっている。このように、丙土地を実際に宅地として使用するためには、建築基準法等で定める接道義務を満たすために相当多額の費用を要し、現実的には雑種地として利用するしかないにもかかわらず、評価通達に定める無道路地補正では評価額に十分反映することができない。

（中略）

　上記のとおり、評価通達では接道義務を満たしていないことを十分に反映することができず、これは評価通達によっては適正な時価を算定することができない特別の事情ということができる。したがって、丙土地につき、評価通達によっては適正な時価を算定することができない特別の事情があると認められる。

（出典：大阪地判 H29.6.15 TAINS:Z267-13024　裁判所の判断（下線は筆者加筆））

　なお、この事案を参考にすると、例えば、奥行価格補正率表の補正率の上限に達しているような著しく奥行距離の長い土地や不整形地補正率表のかげ地割合の上限に達しているような著しく不整形な土地についても、評価通達による評価方法では評価できない（要件③を満たす）可能性が高いと考えます。

2　借地権付分譲マンションの底地
（国税不服審判所H9.12.11 非公開裁決TAINS:F0-3-001）

類似事案：国税不服審判所 H9.12.10 非公開裁決 TAINS:F0-3-074
**　　　　　　国税不服審判所 H13.2.9 非公開裁決 TAINS:F0-3-626**

　評価通達25の評価方法（借地権価額控除方式）は、借地権者が底地を買い取り、底地と借地権が併合することで完全所有権が復活する点に着目した評価方法です。

　審判所は、借地権者が多数存在するため、底地と借地権が併合されて完全所有権が復活する可能性は著しく低く、評価通達による評価方法では評価できない（要件③を満たす）と判断しています。評価対象地（底地）の概要（**【図表2】**）及び審判所の判断のうち要件③に関する部分を示せば以下のとおりです。

分譲マンション
（区分所有者 84 名）

借地権（84 名の準共有）

底地（評価対象地）

鉄骨鉄筋コンクリート造陸屋根、地下1階付10階建の借地権付分譲マンションが昭和52年に建築されており、相続開始日現在、84名により区分所有され、本件宅地には、分譲マンションの賃借権敷地権の登記がされている。

（筆者作成）

> 1）底地と借地権とが併合されて完全所有権が復活する可能性が著しく低く、また、2）契約更新等に係る一時金の取得の可能性がないなど、底地が、地代徴収権に加えて将来底地と借地権とが併合されて完全所有権となる潜在的価値に着目して価格形成されていると認め難い特別の事情があることにより、借地権価額控除方式によって評価することが著しく不適当と認められる場合には、相続税法第22条の時価を算定するために他の合理的な方式によることも相当と解される。
>
> （中略）
>
> <u>本件は借地権の登記及び区分所有建物の敷地としての借地権登記のある借地権付のマンションに対応する底地であり、多数の借地権者が存在するので、借地権と底地とが併合される可能性は著しく低く、また、名義変更料の授受も期待できないこと及び借地権と底地は別個の市場を有していること等から、更地価額から借地権価額を控除した残余の部分が底地価額となるとは限らないこととなる。</u>

（出典：国税不服審判所 H9.12.11 非公開裁決 TAINS:F0-3-001　審判所の判断（下線は筆者加筆））

3　複数の建物所有者（転借権者）が存在する複雑な権利関係を有する底地
（那覇地判 H21.10.28 TAINS：Z259-11301）

　評価対象地（【図表3】）は、一筆の土地について土地所有者（底地権者）、宅地開発業者（借地権者）及び複数の建物所有者（転借権者）が存在するという複雑な

権利関係を有する状態でした。

【図表３：評価対象地の概要】

| 転借権（複数名） |
| 借地権（宅地開発業者） |
| 底地（評価対象地） |

（筆者作成）

　裁判所は、以下のとおり、このような三層構造で複数の転借権者がいる底地については、底地と借地権が併合されて完全所有権が復活する可能性は著しく低く、評価通達による評価方法では評価できない（要件③を満たす）と判断しています。

　本件土地１及び５についても、本件土地２ないし４及び６と同様、上記のように複雑な権利関係を有する状態にある三層構造の土地にある（中略）ことに照らせば、宅地の評価として、同宅地の面する路線に付された路線価を基とし、奥行価格補正や側方路線影響加算等の補正等をほどこし、さらに、貸宅地として、これら各土地の自用地としての価額に、地域毎に定められた借地権の価額を控除して評価する（中略）という本件通達に定める評価方式（本件通達１１ないし２５）をそのまま適用することによって、上記のような複雑な権利関係を有する状態にある三層構造の土地の適切な時価を算定することは困難であって、本件土地１及び５を含むこれら三層構造の土地については、本件通達に定める評価方式によらないことが正当として是認できるような特別な事情が存するものというべきであり……

（出典：那覇地判 H21.10.28 TAINS：Z259-11301　裁判所の判断（下線は筆者加筆））

　底地については、通達評価額より低い不動産鑑定評価額（収益価格）による相続税申告が認めれるべきとして争われた裁判例・裁決例が多くありますが、「特別の事情」の要件③が認められたものは、借地権付分譲マンションの底地及び三層構造で複数の転借権者がいる底地だけになります。これら事案の共通点は、借地人（転

借人）が多数いるため底地と借地権が併合されて完全所有権が復活する可能性が著しく低いという点であり、これが底地について「特別の事情」の要件③を満たす決め手となります。

　そして、残念ながら現時点では、単に現行地代が低く収益性が低いという理由だけでは「特別の事情」の要件③が認められていないので、底地の相続税対策としてはやはり生前での対策が重要になります。とはいえ、一口に底地の生前対策といっても実に多くの手法があり、どれがベストなのか判断に悩んだ経験のある税理士も多いのではないかと思われます。筆者自身はというと、税務優先ではなく、できる限り地主の意思を尊重して手法を選択・提案するようにしています。底地の生前対策に限りませんが、税務上ベストな手法でも所有者の意思決定が伴わないと実行には至りませんので、まずは所有者の意思を尊重して手法を絞り込んでいくのがよいと考えています。各手法の詳細は割愛しますが、地主の意思を尊重した底地の生前対策手法の一覧表を示せば以下のとおりです。

【図表４：地主の意思を尊重した底地の生前対策手法一覧表】

底地の相続対策手法	地主の意思			
	土地を手放してもよい（現金化）		土地を残したい	
	スピード重視	金額重視	完全所有権化	底地のまま
借地人へ底地売却		○		
底地買取業者へ底地売却	○			
底借同時売却		○		
底地の物納（相続開始後）		○（※１）		
借地人から借地権購入			○（※２）	
底借交換			○	
底地のまま保有継続				○（※３）

（※１）適用要件が厳しく、難易度は高め。生前から適用要件充足に向けて動く必要あり。
（※２）借地人の合意が得られるか（借地人の相続や契約更新のタイミング等）が争点となる。
（※３）何もしないのではなく、地代増額交渉や更新料条項追加等の契約見直しの交渉を行う。

（筆者作成）

4 室内の維持管理の状態が悪い外国人向けマンション住戸 （国税不服審判所 H22.9.27 非公開裁決 TAINS:F0-3-249）

　評価対象不動産のマンション住戸（**【図表5】**）は、1棟の建物が旧耐震基準であること、2〜3年に一度、地下部分で排水溝から水溢れが生じていたこと、外国人向けで土足仕様であることから特に専有部分の床の傷みがひどく、リフォームして賃貸したとしても、リフォーム費用を賄える賃料収入が得られないという個別事情が存在しており、相続開始後に通達評価額を下回る価額で売却されたものでした。

【図表5：評価対象不動産のマンション住戸の概要】

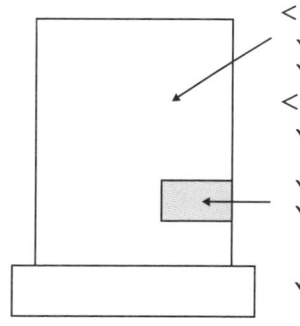

<1棟の建物の個別的要因>
✓ 昭和56年5月建築（旧耐震基準）
✓ 2〜3年に1度、地下部分で排水口から水溢れあり。

<評価対象不動産（専有部分）の個別的要因>
✓ 2階にある外国人向けの1LDKタイプ（床面積67.10㎡）の住戸
✓ 相続開始日前3年間程度、未使用（空室）。
✓ 土足仕様であることから特に床の傷みがひどく、リフォームして賃貸したとしても、リフォーム費用を賄える賃料で賃貸することは不可能と判明したことから売却を決意した。
✓ 附帯設備等には、経年変化等に伴う性能低下やキズ、汚れ等があり、買主は、購入後480万円を負担して水回りを中心として床、壁等のリフォーム工事を行った。

（筆者作成）

　審判所は、以下のとおり、実際の売却価額を時点修正した価額を時価と認めましたが、不動産鑑定評価を行えば実際の売買価額と同様に通達評価額よりも低い評価額が得られたものと推察されます。

　すなわち、この事案のマンション住戸の専有部分の維持管理の状態の悪さ等の個別事情に基づく減価は固定資産税評価額には反映されておらず、評価通達による評価方法では評価できない（要件③を満たす）と判断されたものと考えられます。

　本件マンションは、種々の固有の事情が認められるところ、A不動産販売による価格の査定、同社との媒介契約の状況及び本件売買契約に至るまでの経緯やその状況等からすれば、本件マンションの売却価額 38,000,000 円は、これらの

事情を十分考慮した上で決定された価額であると認められる。そして、請求人ら
の売申込により売却したことが、例えばいわゆる売り急ぎに該当し、これを理由
としてその売却価額が下落したといえる事情に該当するとも認められず、また、
請求人らと本件買受人と間に親族等の特別な関係が認められないことなどの事情
から判断すると、その売却価額にし意的な要素が入る余地はなく、本件マンショ
ンの売却価額は売却時における本件マンションの適正な時価を反映しているもの
と認められる。

　そうすると、本件マンションの売却価額を基に時点修正を行って本件マンショ
ンの相続開始日の時価を算定することには合理性があると認められる。

（出典：国税不服審判所 H22.9.27非公開裁決 TAINS:F0-3-249　審判所の判断（下線は筆者加筆））

　令和6年1月1日以後に相続、遺贈又は贈与により取得した居住用の区分所有財
産（いわゆる分譲マンション）の相続税評価額は、新たに定められた個別通達が適
用され、従来の相続税評価額に区分所有補正率を乗じることとされました。しかし、
この区分所有補正率の計算要素となる評価乖離率にも専有部分の維持管理の状態の
悪さ等の個別事情に基づく減価は考慮されていません。したがって今後のマンショ
ン住戸の評価においてもその専有部分の内覧などを通じて維持管理の状況を確認等
して、必要に応じて鑑定評価を検討する必要があると思われます。

5　個別性の強い市街化調整区域内の山林
（国税不服審判所H14.6.18 非公開裁決TAINS:F0-3-043）

　評価対象地は市街化調整区域内に存する2件の山林です。単独での開発が困難な
こと、1件は正面道路からの距離が約40mほどの奥行きが長い無道路地であること、
もう1件は間口に比べ奥行が極端に長い土地で、高低差平均4mの法地であること
等、個別性の強い土地です。これら個別性に基づく減価は評価通達による評価方法
では反映できない（要件③を満たす）ため、納税者だけでなく税務署も鑑定評価を
行っています。審判所は、以下のとおり、双方の不動産鑑定評価書の合理性（要件
②）を検証した上で、最終的には、納税者の不動産鑑定評価の方が合理的（クオリ
ティが高い）と判断しています。

本件の場合、本件土地を評価通達によって評価すると、その評価額が不適切なものとなり、著しく課税の公平を欠くこととなるので、請求人らは、本件土地の価額を鑑定評価により申告したところ、原処分庁も同様な理由から本件土地の価額を鑑定評価したものである。

　そこで、原処分庁及び請求人らのいずれの鑑定評価が適正であるかに争いがあるので以下判断することとするが、原処分庁及び請求人らの主張を整理すると、本件土地の価額について、その開差が大きい理由は、鑑定評価における標準画地の認定、最有効使用の考え方、取引事例の選定及び規準価格の算定に大きな相違があるためと認められるので、これらを中心に判断する。

　（中略）

　以上審理したところによれば、本件土地の標準画地の認定、最有効使用の考え方、取引事例の選定及び規準価格の算定のいずれについても請求人らの主張には合理性があり、本件土地の価額は、請求人らの主張する鑑定評価によることが相当であると認められることから、本件第１土地の価額は 28,830,000 円、本件第２土地の価額は 62,020,000 円となる。

（出典：国税不服審判所 H14.6.18 非公開裁決 TAINS:F0-3-043　審判所の判断（下線は筆者加筆））

　一般に、市街化調整区域内の土地評価に当たっては、現地調査に加えて特に役所調査が重要となります。役所調査では開発許可及び建築許可が得られるかどうか、簡単にいえば建物が建てられるか否かを入念に確認する必要があります。既に土地上に建物が建っている場合でも、適法に開発許可等を得て建てられたものなのか、何ら許可を得ていない違法建築なのか、線引き前から存在する建物なのか、建替えは可能なのか等を確認する必要があります。筆者の経験上、農地転用許可や開発許可の履歴が確認できず、違法建築の可能性が高い建物にはかなりの頻度で遭遇します。違法建築である場合や建替えができない場合には、宅地課税されている固定資産税評価額に建物が建てられないことに基づく減価が反映されておらず、時価を上回っている可能性が高いです。すなわち、要件③を満たす可能性があるということになります。

SECTION 3 　筆者事案

相続後に売却した大きな霊園に近接する戸建住宅地の事案

Q

　私（税理士）は、被相続人甲の相続税申告を代表相続人乙より受任しました。乙は大きな霊園に近接する戸建住宅及びその敷地を取得しましたが、空き家だったので相続開始後4か月で売却しました。売却先は親族関係にない第三者です。土地について、大きな霊園に近接していることから利用価値が著しく低下している宅地の10%評価減を適用して路線価方式により評価したのですが、実際の売買価額の方がさらに低い状況です。親族関係に無い第三者への売却ですので、売買価額を時価とみて、売買価額で相続税申告してしまって問題ないでしょうか。

【評価対象地の公図（左）と路線価図（右）】

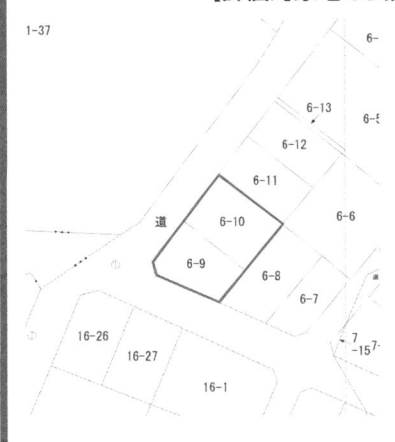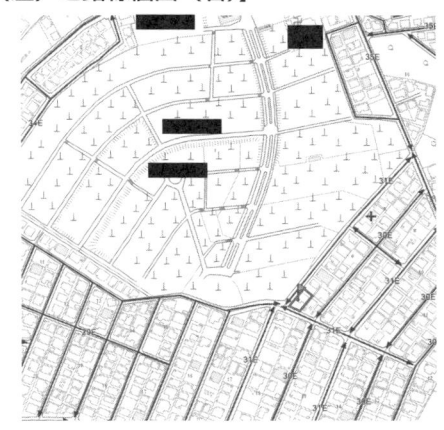

（出典：全国地価マップ）

土地の通達評価額：6,340,914円（28,519円/㎡）（10%評価減適用後）
土地の売買価額：3,750,000円（16,866円/㎡）

親族関係にない第三者への売却であるという理由だけで売買価額を時価と
みて相続税申告するのは時期尚早です。本事案のように相続開始直後での売却
の場合、売り急ぎの事情により、時価よりも低い価額で売買されている可能性
が高いです。売主買主の個別事情の介在しない時価は鑑定評価額で把握できる
ので、鑑定評価を行って売買価額が時価と認められるか否か検証するのがよい
かと思われます。

・・・・・・・・・・・・・・・・・・・・・・・・・・・・・・・・・・・・・

　この事案は、税理士から筆者に相談があり、鑑定評価を行って時価を検証したも
のになります。相続税申告においてはまず通達評価額を算出して、その後に鑑定評
価を検討する流れになりますので、以下、利用価値が著しく低下している宅地の
10％評価減の取扱いから順を追って解説していきます。

1　利用価値が著しく低下している宅地の 10％評価減の取扱い

　この事案では、通達評価額の算出に当たり、利用価値が著しく低下している宅地
の 10％評価減を適用していますが、その取扱いを改めて確認すると以下のとおり
です。

> **国税庁ホームページ タックスアンサー No.4617**
> **＜利用価値が著しく低下している宅地の評価＞**
> 　次のようにその利用価値が付近にある他の宅地の利用状況からみて、著しく低
> 下していると認められるものの価額は、その宅地について利用価値が低下してい
> ないものとして評価した場合の価額から、利用価値が低下していると認められる
> 部分の面積に対応する価額に 10％を乗じて計算した金額を控除した価額によっ
> て評価することができます。

1　道路より高い位置にある宅地又は低い位置にある宅地で、その付近にある宅地に比べて著しく高低差のあるもの

2　地盤に甚だしい凹凸のある宅地

3　震動の甚だしい宅地

4　1から3までの宅地以外の宅地で、騒音、日照阻害（建築基準法第56条の2に定める日影時間を超える時間の日照阻害のあるものとします。）、臭気、忌み等により、その取引金額に影響を受けると認められるもの

（中略）

ただし、路線価、固定資産税評価額又は倍率が、利用価値の著しく低下している状況を考慮して付されている場合にはしんしゃくしません。

（下線は筆者）

　下線部より、評価対象地が単に大きな霊園に近接しているという理由だけでは10％評価減を適用することはできません。適用に当たっては、大きな霊園に近接していることが取引価額に減価要因として作用していること、及び、その減価要因が路線価に十分に考慮されていないことを確認する必要があります。この事案の場合、実際に相続開始直後に売却されており、売買価額が10％評価減適用後の相続税評価額と比べても相当低いため、大きな霊園に近接していることが取引価額に減価要因として作用しており、かつ、それが路線価に十分考慮されていない可能性は高いですが、単に相続開始直後で相続人が売り急いでいたため売買価額が相当低くなっている可能性も十分考えられます。

　通達評価額によらず実際の売買価額での相続税申告を検討するに当たっても、売買価額が売主買主の個別事情の介在しない時価と認められるか否かの検証が必要ですので、鑑定評価を行って検証するのが有効です。

２　鑑定評価額による検証結果

　筆者が評価対象地の鑑定評価を行ったところ、4,900,000円（22,100円/㎡）となりました。鑑定評価手法としては、取引事例比較法を適用しました。評価対象地が近接している大きな霊園周辺の取引事例5件（9,863円/㎡〜23,714円/㎡）を収集

してこれら取引事例を用いて評価しました。

　鑑定評価を行ったことで、通達評価額（10％評価減適用後）よりも鑑定評価額の方が低く、乖離の程度も誤差と認められる範囲を超えていることから、大きな霊園に近接していることが評価対象地の取引価額に減価要因として作用しており、かつ、それが路線価に十分に考慮されておらず、10％評価減でも足りない点が検証できました。これで、**SECTION　1**「通達評価額より低い鑑定評価額による相続税申告が認められる要件」で解説した要件③：評価通達による評価方法の合理性欠如要件はクリアしたことになります。

　さらに、鑑定評価額よりも売買価額の方が低く、その乖離の程度も誤差と認められる範囲を超えていることから、売買価額には売主の売り急ぎの事情等が介在している可能性が高く、時価と認めるのは問題があると判断しました。

　以上を踏まえ、相続税申告における評価対象地の評価額としては、鑑定評価額によるのが妥当と判断しました。

SECTION 4 裁判例・裁決例

建物取壊し最有効使用の鑑定評価額による相続税申告の是非

Q

　私（税理士）は、不動産賃貸業を営んでいた被相続人甲の相続税申告を代表相続人乙より受任しました。甲の相続財産の中には築年数が相当古く、空室の多い貸店舗・事務所や空き家のまま放置されている賃貸アパートがあります。乙は、相続税の納税資金捻出のため、これら築古の低収益物件や空き家から優先して売却することにしましたが、不動産業者からは「いずれも現況建物の市場価値は認められず、建物取壊し前提での売買になるでしょう」と言われています。

　こうした状況を踏まえて、相続税申告において、これら築古の低収益物件や空き家について、評価通達による評価額（以下「通達評価額」といいます）ではなく、更地価格から建物取壊費用等を控除した不動産鑑定評価額による申告は認められるのでしょうか。

A

　通達評価額より低い鑑定評価額による相続税申告が認められるためには、「特別の事情」が認められる必要があります（**SECTION 1**「通達評価額より低い鑑定評価額による相続税申告が認められる要件」参照）。

　直近の非公開裁決などを踏まえると、ご質問のケースでは「特別の事情」が認められない可能性が高いと思われます。なお、評価額自体が低く通達評価額との乖離も小さい場合など、実務上は更正までされずご質問のような鑑定評価額による相続税申告（当初申告）が通っているケースもあると見聞きしますが、更正されて争う場合には「特別の事情」が認められない可能性が高いという意味になります。

本事案の回答に当たって参考になる非公開裁決がありますので解説します。

1 国税不服審判所 R2.3.24 非公開裁決 TAINS：F0-3-742

　この事案では、請求人（相続人）が、被相続人（平成 27 年相続開始）から相続により取得した空室の多い低収益物件（本件土地 1 及び本件建物 1）と 4 戸 1 の連棟式住宅の一部（空き家）（本件土地 2 及び本件建物 2、本件土地 3 及び本件建物 3）について、通達評価額によらず不動産鑑定評価額で相続税の更正の請求を行い、その是非が争われています。評価方法が争われている不動産の概要は【図表 1】のとおりです。

【図表 1：評価方法が争われている不動産の概要】

＜本件土地 1＞
- ✓ 地積 571.83 ㎡
- ✓ 近隣商業地域（80%/300%）と第一種住居地域（80%/200%）に跨って所在。
- ✓ 西側路線価 275,000 円／㎡

＜本件建物 1＞
- ✓ 昭和 48 年頃新築の未登記建物（旧耐震・相続開始時で築約 42 年）
- ✓ 鉄骨造陸屋根 7 階建の店舗兼事務所
- ✓ 延床面積 1,401.55 ㎡
- ✓ 相続開始日（平成 27 年）の稼働状況は右図のとおり
- ✓ 平成 28 年 12 月（相続開始後）に 1F・2F 部分の賃借人から解約申し入れがあり、平成 29 年 6 月に退去している（立退料の支払いはなし）。
- ✓ 平成 29 年 9 月（相続開始後）に本件建物 1 が解体され、以後舗装駐車場として利用されている。

7F	空室
6F	空室
5F	空室
4F	空室
3F	空室
2F	貸店舗（外食チェーン店）
1F	貸店舗（外食チェーン店）
土地	

＜本件土地 2、本件土地 3＞
- ✓ 地積 922.01 ㎡の土地の一部であり、本件土地 2 の地積 72.00 ㎡、本件土地 3 の地積 80.91 ㎡
- ✓ 第二種中高層住居専用地域（60%/200%）
- ✓ 南側路線価 190,000 円／㎡

本件建物3 空き家	本件建物2 空き家	東側隣家 空き家	
本件土地3	本件土地2	土地	土地

<**本件建物2、本件建物3**>
- ✓ 建築年月日不詳（昭和31年以前）
- ✓ 4戸1の連棟式住宅の西側2戸
- ✓ 木造瓦葺2階建の居宅で、区分の登記あり
- ✓ 相続開始日（平成27年）はいずれも空き家
- ✓ 東側隣家の所有者は平成25年頃死亡し、空き家のまま放置され、相続人は不明である。

（筆者作成）

原処分庁と請求人が主張する本件不動産の評価額は【**図表2**】のとおりです。

【図表2：原処分庁と請求人が主張する本件不動産の評価額】

本件土地1及び建物1の評価額	概要
原処分庁の通達評価額 土地1：145,467,603円 建物1： 31,273,962円 合計： 176,741,565円	「本件相続の開始時において、本件建物1はその一部が貸し付けられており、本件鑑定書1の記載内容を踏まえても、本件各建物は、躯体自体は保持されていたと認められ、建物としての機能を一応維持しているということができるから、固定資産税評価において考慮済みである経年減点補正等の減点補正を超えて更なる減価を要するものとまでは認められない」として、評価通達に基づき評価。
請求人の不動産鑑定評価額 118,000,000円	本件建物1の取壊しが最有効使用と判定し、鑑定評価額を決定。

（筆者作成）

本件土地2及び建物2 本件土地3及び建物3の評価額	概要
原処分庁の通達評価額 土地2土地3：28,471,842円 建物2： 518,000円 建物3： 256,000円 合計： 29,245,842円	「本件相続の開始時において、本件建物2及び本件建物3は空き家のまま存在していたことからすれば、本件鑑定書2の記載内容を踏まえても、本件各建物は、躯体自体は保持されていたと認められ、建物としての機能を一応維持しているということができるから、上記の固定資産税評価において考慮済みである経年減点補正等の減点補正を超えて更なる減価を要するものとまでは認められない」として、評価通達に基づき評価。
請求人の不動産鑑定評価額 26,113,000円	本件建物2及び本件建物3の取壊しが最有効使用と判定し、鑑定評価額を決定。

請求人の不動産鑑定評価書の要旨は以下のとおりです。

＜別紙3　本件鑑定書1の要旨＞

1　鑑定評価額を求めるに当たっての方式の適用及び方針

　本件建物1は、昭和48年頃に建築された店舗兼事務所で、現況は1、2階が居酒屋として営業しているのみである。築後42年が経過し、旧耐震構造であること、平成28年8月の耐震診断報告書の内容、平成27年6月1日撮影の建物写真等から、本件建物1の賃貸を継続するには、喫緊に大規模な耐震補強工事及び需要層に沿った改築・改装を施す必要があり、相当高額の費用が見込まれる状態にあったものと判断される。それに加えて、周辺の環境として、標準的使用は店舗兼共同住宅と見受けられ、事務所としての需要は極めて少ない地域であることを考慮すれば、本件建物1を取り壊し更地化することが経済合理性にかなうものであり、最有効使用と判断した。以上により、積算価格及び収益価格の二方式を採用して鑑定評価額を求める。

2　鑑定評価額の決定

(1)　積算価格

　更地価格を求め、明渡しに係る正当事由の強弱を考慮した立退料を支払い、建物の取壊し費用を控除して試算する。

イ　更地価格

　取引事例比較法に基づき標準画地の比準価格を査定し、規準価格との均衡も考慮し、標準画地の更地価格を求め、これに個別補正を加え、本件土地1の更地価格を198,425,000円と決定した。

ロ　立退料

　賃借人の損益状況等は把握できないため、飲食店のほぼ標準的な売上げ、利益率等を参考に営業補償・人件費補償、更に移転先の改装費等を見積もり、1、2階合計面積約267㎡（約80.8坪）に基づき立退料を算定し、経済合理性から正当事由を補完する割合として80%を乗じるのが妥当と判断し、43,760,000円と決定した。

ハ　建物取壊し費用

　価格時点以後に本件建物1が取り壊された際の実際の解体工事費53,703,000

円（消費税除く）を採用した。

二　積算価格の決定

以上の更地価格、立退料及び建物取壊し費用を加減して以下のとおり積算価格を決定した。

①	更　　地　　価　　格	198,425,000 円
②	立　　　　退　　　　料	43,760,000 円
③	建　物　取　壊　し　費　用	53,703,000 円
①	－　（　②　＋　③　）	100,962,000 円

(2)　**収益価格**

1 階及び 2 階に係る 2 年間の純収益（総和の現価）を求め、立ち退いた後の建物の取壊し費用の現価を控除し、更地への復帰価格を加算して求める。

イ　1 階及び 2 階に係る 2 年間の純収益

DCF 法により 2 年間の運営収益・運営費用を想定し、毎期の純収益を求め、2 年間の純収益の現価の総和 5,658,000 円を求めた。

ロ　立ち退いた後の建物の取壊し費用

2 年経過し立ち退いた後の 3 年目直ちに取り壊すこととし、上記(1)のハの価格時点以後に取り壊された際の実際の解体工事費に期間 2 年、割引率 1％による複利現価率 0.9803 を乗じて求め、52,645,000 円とした。

ハ　更地への復帰価格

上記(1)のイの更地価格に期間 2 年、土地の割引率 4.5％による複利現価率 0.9157 を乗じて求め、181,698,000 円とした。

二　収益価格の決定

以上の 2 年間の純収益の現価、立ち退いた後の建物の取壊し費用の現価及び更地への復帰価格を加減して以下のとおり収益価格を決定した。

①	2 年 間 の 純 収 益 の 現 価	5,685,000 円
②	取　壊　し　費　用　の　現　価	52,645,000 円
③	更　地　へ　の　復　帰　価　格	181,698,000 円
①	－　　②　　＋　　③	134,738,000 円

　積算価格は、価格時点における最有効使用を前提とする価格で信頼性は高いが、立退料等の算定に当たっては不確実な面もある。一方、収益価格は、現実に基づき平成29年6月に立ち退き明け渡したことを基本としたが、本来自ら立ち退く時期の把握は困難であり、立ち退きが長引けば耐震補強工事、改修工事等資本的支出が必要となることもあり得る。よって、双方尊重し軽重つけ難くほぼ中位値にて本件鑑定評価額1（118,000,000円）を決定した。

＜別紙4　本件鑑定書2の要旨＞

1　鑑定評価額を求めるに当たっての方式の適用及び方針

　本件建物2及び本件建物3の築年数、現況利用状況等より判定した結果、建物を取り壊し更地化することが最有効使用と認められるため、更地価格から建物取壊し、除去、運搬等に必要な経費を控除し、鑑定評価額を決定する。

2　鑑定評価額の決定

(1)　更地価格

　比準価格、収益価格及び規準価格を次のとおりとし、比準価格を重視しつつ、収益価格を関連付け、規準価格との均衡も考慮し、標準画地の更地価格を求め、個別格差は100／100とし、連棟式建物であるため5.46㎡減算した面積が有効面積であるとして、本件土地2及び本件土地3の更地価格を33,176,000円と決定した。

イ　比準価格

　取引事例比較法に基づき標準画地の比準価格を1㎡当たり225,000円と決定した。

ロ　収益価格

　土地残余法に基づき標準画地上に最有効使用を前提とする建物を想定し、標準画地の償却前の純収益を求め、基本利率から賃料の変動率を控除した還元利回りにて還元し、収益価格を1㎡当たり158,000円と査定した。

ハ　規準価格

　公示標準地「■■■■」を基準とし、1㎡当たり225,000円を求めた。

(2) 建物取壊し費用

　1㎡当たりの建物取壊し費用を 10,000 円として、これに本件建物 2 及び本件建物 3 の登記記録上の床面積の合計 136.21㎡を乗じて 1,362,000 円とし、連棟式建物であり、東側隣家を切り離して取り壊すに当たり、外壁の養生及び補強工事が必要となることから、それぞれの費用を 300,000 円及び 1,000,000 円とし、更に東側隣家の承諾に係る調査・承諾費用を 1,500,000 円とし、合計 4,162,000 円とした。

(3) 鑑定評価額の決定

　以上により、更地価格及び建物取壊し費用が求められたが、それらを加減し、更に東側隣家の承諾が得られないリスクも残ること及び担保価値が乏しくローンが受けられない可能性が高いこと等、この種の古い連棟式住宅の市場性が一般的にも極めて低い点を考慮し、市場性減価を 10%施し、以下のとおり本件鑑定評価額 2（26,113,000 円）を決定した。

① 　更　　地　　価　　格	33,176,000 円
② 　建　物　取　壊　し　費　用	4,162,000 円
市　　場　　性　　減　　価	△ 10 %
（ ①　－　② ）×（ 1 － 0.1 ）	26,113,000 円

　審判所は、「特別の事情」が認められるための要件②、③について検討を行っています（「特別の事情」が認められるための要件の詳細は、**SECTION 1**「通達評価額より低い鑑定評価額による相続税申告が認められる要件」参照）。結果、要件②も要件③も満たさず、請求人の主張は認められませんでした。

　要件②については、以下のとおり本件鑑定書 1 及び本件鑑定書 2 の問題点が指摘されており、請求人の不動産鑑定評価書のクオリティは低いと判断されてしまっています（要件②を満たさない）。

　本件鑑定書 1 では、積算価格の算定において、建物取壊し費用として実際の解体工事費の額を控除する一方で、立退料につき、実際には支払がなかったにもかかわらず、飲食店の標準的な売上げ、利益率等を参考に試算して控除するなど

しており、本件建物１及び本件土地１の適正な時価を算定したといえるかについては疑問が残る。

　また、本件鑑定書２では、連棟式住宅を切り離すに当たり発生する費用や東側隣家の相続人を調査し承諾を得る費用を減算しているが、当該算定根拠は不明確であるし、更地化を前提として建物取壊し費用等を減算しているにもかかわらず、担保価値が乏しくローンが受けられない可能性が高いこと等古い連棟式住宅の市場性が極めて低いことを理由に、建物固有の事情に基づき更に10％の減価を施すなど、不合理な点がみられるところである。そうすると、このような本件鑑定評価額１及び本件鑑定評価額２を上回るからといって、原処分庁主張各評価額に、時価を上回る違法があると認めることはできない。

　また、要件③について、請求人の主張としては、本件各不動産の最有効使用は、いずれも現況建物の利用継続ではなく、現況建物の取壊しであり、建物解体費用や立退料等の負担が生じる点について評価通達では反映できず、評価通達による評価方法の合理性が欠如している（要件③を満たす）ということでしたが、審判所は以下のとおりそれを否定しています。

　請求人らが提出した平成27年６月１日撮影の本件建物１の写真によれば、本件建物１には、外壁面ガラスの一部破損や内壁のひび割れが認められ、平成28年５月18日付の３階から７階までの現況平面図によれば、トイレは男女共用で各階に１か所のみであったことがうかがわれ、これらの写真や平面図からは、経年に応じた物理的損耗や機能的陳腐化は認められるものの、店舗や事務所など建物としての利用に格別の支障を生じさせるような状況を認めることはできず、また、本件相続の開始時において、１階及び２階部分は現実に賃貸され、それ以降も一定期間飲食店として営業していたことからすると、１階及び２階部分は店舗としての機能を保持していたといえる。

　また、本件建物２及び本件建物３については、当審判所の調査日において、ベランダのトタン屋根や玄関を入ってすぐの天井、外玄関の内壁の一部に損傷が認められるなど、相応に老朽化していたものの、いずれの建物も、屋根瓦、外壁、窓等に大きな損傷等はなく、建物としての機能は損なわれていなかったといえる。

このように、本件各建物は、本件相続の開始時において、いずれも建物としての機能を保持しており、また、本件各建物の平成 27 年度の固定資産税について、地方税法第 367 条の規定に基づく減免措置は適用されていないことなどの事情を総合的に考慮すれば、本件各建物の物理的損耗及び機能的陳腐化は、経年した建物に関して一般的に認められる範囲内のものであり、固定資産評価基準に定められた経年減点補正を超えて更なる減価を要するものとまでは認められない。

　そうすると、本件各建物に係る事情に起因して本件各不動産が最有効使用の状態になかったとしても、そのことをもって評価通達に定める評価方法によっては適正な時価を適切に算定することのできない特別の事情があると認めることはできず、請求人らの上記主張は採用することができない。

❷　筆者コメント

(1)　要件② 鑑定評価書の合理性（クオリティ）について

　請求人の本件鑑定書 1 及び本件鑑定書 2 の要旨を見る限り、以下の問題点が挙げられます。

①　本件鑑定書 1（本件土地 1 及び本件建物 1）の問題点

✔積算価格と収益価格における立退料の取扱いの整合性が取れていない

　不動産鑑定評価では、各手法に共通する価格形成要因に係る判断の整合性が求められます。この点、本件鑑定書 1 では、積算価格の試算において立退料を査定して控除する一方で、収益価格の試算においては立退料を考慮しておらず、立退料の取扱いが整合していません。立退料に関する評価の方向性としてまず以下方向性 1 と方向性 2 のどちらで行くのかを定めた上で積算価格と収益価格を試算し、立退料の取扱いを整合させる必要があったのではないかと思われます。

＜立退料に関する評価の方向性＞

方向性 1：求めるのは相続開始時の時価であり、相続開始時において約 2 年後に賃借人から解約申し入れがあり、立退料を支払わずに退去するというのは予測困難であるため、立退料を査定して控除する。

　本件鑑定書１では積算価格は方向性１で評価されており、収益価格は方向性２で評価されています。

　どちらの方向性で評価するのか悩ましいところではありますが、現実問題として契約当事者の個別事情をすべて把握しきれないことから鑑定評価的には特に以下立退料の構成要素③についてどうしても標準的なケースを想定して求めざるを得ないこと（そのため査定根拠も標準的なものとならざるを得ないこと）、本件では現に賃貸人から解約申し入れがあり立退料の支払が行われていないこと等を踏まえ、方向性２で評価するのが現実的かつ保守的でないかと思われます。

②　本件鑑定書２（本件土地２及び本件建物２、本件土地３及び本件建物３）の問題点

✔長屋固有の建物取壊し費用として、外壁の養生 30 万円及び補強工事 100 万円の査定根拠が不明確

　「長屋の切離しの際は，残存建物について雨水浸入防止のための処置や，構造安全性の低下が懸念される場合には補強工事を行うことが必須であることが考えられる。そのため，一室の切離しを命ずるにあたっては，当該部分の除却だけでなく，残存建物への補強工事等の必要性も検討が必要」（八尾市建築部住宅政策課『長屋にまつわる諸問題の解決報告書（令和２年空き家対策の担い手強化・連携モデル事業）』27 頁）とされていますので、外壁の養生及び補強工事費用を見積り、計上すること自体は問題ありません。不動産鑑定評価の精度を高める観点からは、外部業

者にこれら費用の見積りを依頼するのが望ましいです。本件鑑定書 2 には外部業者の見積りを入手した旨は記載されておらず、鑑定士が独自に見積もっている感じがあり査定根拠が不明確です。

✔東側隣家の承諾に係る調査・承諾費用 150 万円及び市場性減価 10%の査定根拠が不明確（審判所も指摘）

　本件のような長屋の一室の切離しは「共用部分の一部を除却することから，共用部分の廃止に当たると考えられ，区分所有者全員の賛成が必要となる」（同上）と解されており、本件建物 2 及び本件建物 3 の切離し解体には東側隣家の所有者の同意が必要となります。しかし、東側隣家の所有者は所在不明であり、相続開始時において本件建物 2 及び本件建物 3 の取壊しの同意が得られない状況です。したがって、本件鑑定書 2 の評価方針（前提）として、現況建物の取壊しを最有効使用と判定することはその実現性の観点からやや疑義があり、単に東側隣家の承諾に係る調査・承諾費用や市場性減価として考慮すべき問題にとどまらないと思います。

(2)　要件③ 評価通達による評価方法の合理性欠如要件について

　改めて要件③について、請求人の主張としては、本件各不動産の最有効使用は、いずれも現況建物の利用継続ではなく、現況建物の取壊しであり、建物解体費用や立退料等の負担が生じる点について評価通達では反映できず、評価通達による評価方法の合理性が欠如している（要件③を満たす）ということでした。

　しかし、先に述べたとおり、本件鑑定書 2 の建物取壊し想定には実現性の観点からやや疑義があります。また、本件鑑定書 1 の建物取壊し想定に当たっては、まず 1 階・2 階の賃借人の立ち退きの実現可能性を検討する必要がありますが、建物自体の老朽化に加え、現に相続開始後 2 年後に賃借人が解約申し入れて退去していることから、相続開始時でみても立退交渉の実現可能性は高いのではないかと推察されます。ただし、最有効使用の判定については、物理的・法的側面からみた実現可能性だけでなく、現況建物の利用継続の場合の評価額と現況建物取壊し想定の評価額をそれぞれ算出して比較考量するという経済的側面からの比較検討として不動産鑑定評価基準で定められている内容を忠実に実施し、鑑定評価書に表現しておく必要があったのではないかと思われます。したがって、請求人の主張の前提である最

有効使用の判定の部分がやや弱いと感じています。

　では、もし仮に鑑定評価の見地から本件各不動産についていずれも現況建物の取壊しが最有効使用であると適正に判定されたとしたら、要件③を充たしていたのか気になるところですが、審判所は、「本件各建物の物理的損耗及び機能的陳腐化は、経年した建物に関して一般的に認められる範囲内のものであり、固定資産評価基準に定められた経年減点補正を超えて更なる減価を要するものとまでは認められない。そうすると、本件各建物に係る事情に起因して本件各不動産が最有効使用の状態になかったとしても、そのことをもって評価通達に定める評価方法によっては適正な時価を適切に算定することのできない特別の事情があると認めることはできず」と述べていますので、要件③は満たさないと読めます。

　ただし、筆者としては、このような考え方に疑問を抱いています。

　一定の経過年数を超えた後の家屋の固定資産税評価額は最終残価率20％が残ることになっていますが、これは家屋の財産的価値の評価をその物的価値と使用価値の両者に着目して行い、家屋が家屋として所有されている以上、最小使用価値として20％は存するとの考えに基づくものであると解されています（仙台高裁平成17年8月25日判決・平成16年（行コ）第11号）。

　しかし、いくら建物がまだ使用に耐え得る状態で存在していて固定資産税評価額として最小使用価値として20％程度はあるといっても、鑑定評価の見地からは市場価値はゼロ（厳密には建物解体費用や立退料相当がマイナス）という低収益物件や空き家は確実に存在しています。

　現況建物が土地の最有効使用でなく、現況建物の取壊しが最有効使用と判断する不動産鑑定評価の考え方は以下のとおりです。

建物については、最有効使用から現況利用が乖離している場合、物理的耐用年数よりも経済的耐用年数を重視すべきである。物理的残存耐用年数が相当残っている場合でも経済的残存耐用年数が短い場合には、市場性・収益性から建物の取壊し・更地化が妥当と考えられる場合が多い。（中略）また、現況利用が最有効使用と大きく乖離している状態にある場合には借家人の立ち退き、建物の取壊し、更地化を想定するなど、市場性を考慮した評価をすべきである。

（出典：東京不動産鑑定士協会「鑑定評価 Q&A〈第7集〉」17頁）

経済的残存耐用年数とは、「価格時点において、対象不動産の用途や利用状況に即し、物理的要因及び機能的要因に照らした劣化の程度並びに経済的要因に照らした市場競争力の程度に応じてその効用が十分に持続すると考えられる期間」と不動産鑑定評価基準において定義されています。

　評価通達では、土地と建物は別々に評価することとされており、建物の評価は固定資産税評価にゆだねる体系になっています。低収益物件や空き家について、単に土地建物一体としての市場性や収益性が通達評価額に十分反映されていないという理由だけで「特別の事情」の要件③を満たすと解すると非常に多くの不動産が該当してしまいそれはそれで問題がありますが、市場性や収益性を十分反映していない固定資産税評価額の限界を踏まえ、例えば鑑定評価の見地から現況建物の取壊しが最有効使用であると適正に判定されたならば、建物の評価額はゼロとし、建物解体費用等の負担を更地価格から控除した鑑定評価額による時価申告が認められる余地はあってしかるべきではないかと思います。

③　老朽化した低収益物件や空き家の相続税対策

　紹介した非公開裁決を踏まえると、残念ながらご質問のような老朽化した低収益物件や空き家について、通達評価額によらず更地価格から建物取壊費用等を控除した不動産鑑定評価額による時価申告が認められる可能性は現時点では低いでしょう。

　ご質問の場合、既に相続が開始してしまっていますが、老朽化した低収益物件や空き家の相続税対策としては、①生前に建物を取り壊して更地化する、②更地化後に売却する、又は、③更地化後に最有効使用の賃貸用建物を建築するといった生前対策が考えられます。所有者が意思決定できる元気なうちに対策を練るのがポイントです。

SECTION 5 　筆者事案

実際の税務調査の指摘から読み取る鑑定評価額による相続税申告の実務上の留意点

　SECTION 1「通達評価額より低い鑑定評価額による相続税申告が認められる要件」に加えて、鑑定評価額による相続税申告を行う上での実務上の留意点として、鑑定評価額による相続税申告を行おうとしている不動産について、相続開始後から税務調査までの間に売却予定があるか否か確認しておいた方がよいかと思われます。例えば、相続開始後から税務調査までの間に売却済で、売却価額＞鑑定評価額の場合、それだけで鑑定評価のクオリティに問題があるとして否認されるリスクがあります。

1　実際の税務調査の事案

　この事案は、実際に筆者が税理士から相談をいただいたものです。被相続人甲の相続財産は現預金が少なく、不動産の占める割合が多い状況でした。代表相続人は、きるだけ相続税納税額を抑えたいのと同時に、納税資金を捻出するため相続財産である不動産のうち一部売却を検討していました。相続税申告を受任した税理士は、不動産について鑑定評価による時価申告を提案しました。鑑定評価の結果は【図表1】のとおりであり、全て鑑定評価で相続税当初申告を行いました。相続不動産のうち No.1 は相続開始から約 2 年 7 か月後、No.2 は相続開始から約 1 年後にそれぞれ売却できました。

【図表 1：相続不動産の通達評価額と鑑定評価額】

No.	地目	地積	通達評価額	鑑定評価額 （当初申告）	売却価額
1	宅地	950.38㎡	96,531,170 円	71,300,000 円	110,000,000 円
2	雑種地	261.46㎡	31,511,159 円	28,400,000 円	40,042,395 円
3	宅地	1252.96㎡	108,183,072 円	97,500,000 円	−
4	宅地	195.44㎡	23,395,054 円	19,800,000 円	−
5	山林	7,388㎡	2,645,047 円	635,000 円	−

（筆者作成）

上記相続税申告に対して税務調査が入り、鑑定評価で時価申告した相続不動産のうち、売却された No.1, 2 について、相続開始後の売却価額を踏まえると、通達評価額より低い鑑定評価額は時価とは認められず、通達評価額によるべきと指摘されました。その他の No.3 ～ 5 の鑑定評価額に関しては、何ら指摘を受けませんでした。最終的に指摘どおりに No.1, 2 について通達評価額で修正申告に応じることにしました。

2　税務調査の指摘から読み取る実務上の注意点

　この事案の税務調査では、相続開始後に売却された No.1, 2 について、相続開始後の売却価額を踏まえて、鑑定評価額が時価と認められないと指摘されています。税務署の指摘は、**SECTION 1**「通達評価額より低い鑑定評価額による相続税申告が認められる要件」で解説した要件①～③のうち、要件②不動産鑑定評価書の合理性（クオリティ）要件を満たさないという指摘に当たるかと思われますが、肝心の鑑定評価書の中身の合理性について個別具体的な問題点の指摘はなされていません。税務調査の段階では時間的な制約もあるせいか、鑑定評価書の中身の合理性について個別具体的に問題点を指摘するよりも、実際の売却価額が明らかなものについてはその売却価額と鑑定評価額との乖離を糸口に鑑定評価書の問題点を指摘した方が鑑定評価額を否認しやすいというロジックなのではないかと推察されます。

　なお、もし税務調査の段階で鑑定評価書の中身の合理性について個別具体的に検証されていたら、売却していない No.3 ～ 5 の鑑定評価額も否認される可能性もゼロではなかったと思われますので、売却価額が顕在化した No.1, 2 だけの否認で済んだという前向きな捉え方もできるかと思われます。

　いずれにしても、税理士としては、鑑定評価額による相続税申告を提案する際には、要件①～③に加え、相続開始後から税務調査までの間に売却予定があるか否かも確認しておいた方がよいかと思われます。申告期限までに売却完了しない場合には最終的にいくらで売れるのか予測するのは難しいですが、税務調査が入る前までに売却完了し、実際の売却価額が鑑定評価額を超えているようですと、それだけで鑑定評価のクオリティに問題があるとして否認されるリスクがあります。

SECTION 6

土壌汚染地の評価において浄化・改善費用見積額の８割控除が認められる要件

　相続税申告における土壌汚染地の評価方法としては、国税庁ホームページ「土壌汚染地等の評価の考え方について（情報）」（令和 6 年 6 月 21 日）（巻末資料①参照）において、以下のとおり示されています。

評価方法（以下「評価通達に手を加える方法」という）

| 土壌汚染地の価額（注 7） | ＝ | 汚染がないものとした場合の価額（注 1） | － | 浄化・改善費用に相当する金額（見積額の 80％相当額）（注 2、3、4） | － | 使用収益制限による減価に相当する金額（注 5） | － | 心理的要因による減価に相当する金額（注 6） |

（注）1　汚染がないものとした場合の価額は、汚染がないものとして路線価等に基づき評価した価額をいう。

　　　2　浄化・改善費用は、土壌汚染の除去措置又は封じ込め等の措置に係る費用をいい、浄化・改善費用に相当する金額は、汚染がないものとした場合の価額が地価公示価格水準の 8 割程度とされていることとのバランスから、浄化・改善費用の見積額の 80％相当額とする。

　　　3　浄化・改善費用の見積額については、土壌汚染の除去措置又は封じ込め等の措置のうち、課税時期において最も合理的と認められる措置に基づき算定するのが相当である。

　　　4　評価対象地が存する地域における標準的な土地の利用状況を踏まえ、浄化・改善費用が生ずる蓋然性が低いと認められる土地については、浄化・改善費用に相当する金額はないものとして取り扱う。

　　　5　使用収益制限による減価は、土壌汚染の除去以外の措置（封じ込め等の措置）を実施した場合に、その措置の機能を維持するための利用制限に伴い生ずる減価をいう。

　　6　心理的要因による減価は、土壌汚染の存在に起因する心理的な嫌悪感
　　　から生ずる減価をいう。

　　7　各控除額の合計額が汚染がないものとした場合の価額を上回る場合に
　　　は、当該合計額は、汚染がないものとした場合の価額を限度とする。

　評価方法について若干補足すると、日本では土壌汚染対策として掘削除去工事が偏重されていることもあり、浄化・改善費用見積額として掘削除去費用見積額を採用し、封じ込め等の措置を実施した場合の使用収益制限による減価は控除しないことが多いです。また、心理的要因による減価については、住宅地であれば考慮する余地もあるかと思われますが、その査定に恣意性が介入しやすいこと、工業地などでは対策工事が行われさえすれば特に心理的要因による減価が生じない場合が多いことから、実務上、控除しないことが多いです。したがって、実務上は、汚染がないものとした場合の価額から浄化・改善費用見積額として掘削除去費用の8割を控除する場合が多いです。

　当該情報の内容を踏まえると、この評価通達に手を加える方法により、浄化・改善費用見積額の8割控除が認められるには、以下要件を満たす必要があると考えます。単に評価対象地に土壌汚染が存在してさえいればよいわけではありません。

　要件①　課税時期において評価対象地に土壌汚染が存在することが判明していること

　要件②　その不動産の最有効使用の観点から土壌汚染対策工事を行う必要があり、対策費用の負担が避けられないこと

　なお、当該情報によれば、課税時期において浄化・改善費用の額が確定している場合には、その浄化・改善費用の額（課税時期において未払になっている金額に限ります）は、その土地の評価額から控除するのではなく、相続税法14条1項に規定する「確実と認められる債務」として、相続財産の価額から控除すべき債務に計上し、他方、評価対象地は浄化・改善措置を了したものとして評価するのが相当であるとされている点にも注意する必要があります。

■ 土壌汚染地の評価において浄化・改善費用見積額の 8 割控除が認められる要件

(1) 要件①に関して

国税庁ホームページ「土壌汚染地等の評価の考え方について（情報）」（令和 6 年 6 月 21 日）（巻末資料①参照）によれば、土壌汚染地として評価する土地の意義について以下のとおり記載されています（下線は筆者）。

土壌汚染地として評価する土地は、課税時期において、特定有害物質による汚染状態が環境省令で定める基準に適合しないと認められる土地（土壌汚染対策法 6 ①一参照）とするが、以下の点に留意する。

① 土壌汚染の可能性があるなどの潜在的な段階では、土壌汚染地として評価することはできない。

② 土壌汚染地は、土壌汚染の調査・対策が義務付けられているか否かにかかわらず、特定有害物質による汚染状態が環境省令で定める基準に適合しないと認められる土地をいう。

③ 土壌汚染対策法に規定する要措置区域の指定がされている場合又は同法に規定する形質変更時要届出区域の指定がされている場合には、特定有害物質による汚染状態が環境省令で定める基準に適合しないことが明らかであるため、いずれの場合も「土壌汚染地」に該当する。

なお、ダイオキシン類対策特別措置法（平成 11 年法律第 105 号）、地方公共団体の条例等に定める有害物質による汚染状態が所定の基準に適合しないと認められる土地についても、土壌汚染対策法と同様の制約に服することに鑑みて、土壌汚染地の評価に準じて評価して差し支えない。

下線部が要件①に対応する部分になります。

要件①の確認方法としては、実務上、土壌汚染対策法に基づく指定調査機関に調査依頼を行うことになります（環境省ホームページ「土壌汚染対策法に基づく指定調査機関」（https://www.env.go.jp/water/dojo/kikan/index.html））。

(2) 要件②に関して

　国税庁ホームページ「土壌汚染地等の評価の考え方について（情報）」（令和6年6月21日）（巻末資料①参照）によれば、土壌汚染地の評価上控除する浄化・改善費用に相当する金額について以下のとおり記載されています（下線は筆者）。

　浄化・改善費用は、土壌汚染の除去措置又は封じ込め等の措置に係る費用（所有者等の負担に属さないものを除く。）をいい、浄化・改善費用に相当する金額については、汚染がないものとした場合の価額が地価公示価格水準の8割程度とされていることとのバランスから、浄化・改善費用の見積額の80%相当額とする。

　なお、浄化・改善費用の見積額は、土壌汚染の除去措置又は封じ込め等の措置のうち、課税時期において最も合理的と認められる措置に基づき算定するのが相当であり、指定調査機関による複数の見積りを求めるなどして、最も合理的と認められる措置であるかどうか検証することが望ましい。

　また、路線価等は土地の利用状況がおおむね同一と認められる地域ごとに標準的な画地に基づいて設定されているところ、汚染がないものとして路線価等に基づき評価した価額から控除する浄化・改善費用に相当する金額についても、評価対象地が存する地域における標準的な土地の利用の実現に必要な範囲の浄化・改善費用に係るものとすることが相当である。

　したがって、<u>評価対象地が存する地域における標準的な土地の利用状況を踏まえ、浄化・改善費用が生ずる蓋然性が低いと認められる土地については（注）、浄化・改善費用に相当する金額はないものとして取り扱う。</u>

　<u>（注）例えば、現状の利用が評価対象地が存する地域における標準的な土地の利用と合致している土地や、評価対象地が存する地域における標準的な土地の利用を実現するに当たって浄化・改善費用を支出する必要のない土地については、原則として、浄化・改善費用が生ずる蓋然性が低いと認められる土地に該当するものと考えられる。</u>

　下線部が要件②に対応する部分になります。そして、この要件②の判断には不動産鑑定評価における「最有効使用」の考え方が必要不可欠となります。不動産によっ

ては、現に土壌汚染が存在していても特に対策不要で現況のまま利用継続することが最有効使用という場合も考えられます。したがって、単に評価対象地に土壌汚染が存在しさえすれば浄化・改善費用見積額の8割控除が認められるというわけではありません。参考までに、土壌汚染地の最有効使用の判定に関して、（公社）日本不動産鑑定士協会連合会「研究報告 土壌汚染地の鑑定評価」（令和元年9月）23頁によれば以下のとおり記載されています。

最有効使用の判定

① 掘削除去を前提としない場合

　土壌汚染地における最有効使用の決定には困難を伴う。日本においては、汚染土壌は掘削除去が偏重されているが、同じ汚染地でも様々な浄化方法があり、かつその浄化方法によって、その土地の浄化中、浄化後の利用方法の制約や、制約される期間も異なるからである。汚染状態のまま、有効な浄化対策を実施したうえで、当該土地をある用途で利用することが最有効使用であると判断できる場合があり、それを前提とした鑑定評価を行うことができる。このような場合、その対策に必要な費用や対策を前提として利用することによる収益性、利便性が受ける制約を明示し、それを反映したうえで評価を行う。

　評価実務の現状において、証券化対象不動産の鑑定評価においても、工業地等について、必ずしも掘削除去を前提とした評価書のみ発行されているわけではない。需要者である物流デベロッパーが、アスファルト等での被覆を前提として対象地の使用をすることが一般的である場合、あるいは工場を工場として利用することを前提とする売買において、詳細な調査を行わないことを売買当事者が合意している場合等、このような前提をおいた評価が行われている。·

② 利用方法や調査、浄化方法が複数ある場合

　汚染土壌の掘削除去の場合や汚染された工場敷地をアスファルトで被覆して物流施設用地として利用する場合など、評価目的に応じて対象不動産の種別、類型、利用方法、浄化工事の方法等に関して、標準的なマーケット参加者の利用方法として判断できる場合は、それを最有効使用として鑑定評価を行う。

　しかし、マンション開発の場合のように、最有効使用の用途が1つに特定できる場合は別にして、汚染状況によって、利用方法とそれに対応する調査、浄化工

法も複数考えられる場合、最有効使用として用途や開発コストを 1 つに集約し、これを前提条件とすることには実際には困難が伴う。

　対象地の利用方法や工事の方法が標準的なものではない場合は、「想定上の条件」を付けて鑑定評価を行うか、鑑定評価基準に則らない価格調査として評価することになる。

　実務上、要件②は税理士だけでは判断が困難な場合も多いので、土壌汚染対策法に基づく指定調査機関及び不動産鑑定士に相談する必要があると考えます。

❷　課税庁内部での取扱い

　評価通達に手を加える方法について、課税庁内部では、鑑定評価額による時価申告と同様、専門的にしっかり審理されます。したがって、要件①、②に関して確認検討が不十分な場合（特に土壌汚染対策法に基づく指定調査機関の調査結果及び対策費用見積書がないような場合）、否認リスクが相当高まりますのでしっかりと要件①、②を確認検討しておく必要があります。

SECTION 7 裁判例・裁決例
土壌汚染地の評価方法に関して争われた
直近の裁決例

　相続税申告における土壌汚染地の評価方法に関して争われた直近の裁決例として、以下2つがあります。

① 現に土壌汚染の存するマンション適地
（国税不服審判所 R1.11.12 公表裁決 TAINS：J117-3-06）

(1) 事案の概要

　この事案では、請求人らが相続により取得した本件土地の評価につき、控除すべき土壌汚染の浄化費用に相当する金額として、実際に負担した金額 25,600,000 円の80％相当額とすべきか、又は見積書の金額 51,300,000 円の 80％相当額とすべきかが争われています（【図表1】参照）。

　税務署は、請求人らが実際に負担した土壌汚染対策工事費用の金額の 80％相当額とすべきであり、実額が明らかである以上、請求人らが主張する土壌汚染対策工事費用の見積金額の 80％相当額を減額することは相当でない旨主張しましたが、審判所は、「当該実額は本件土地に新築する建物の建築業者に同建物の建築工事と本件土地の土壌汚染対策工事を並行して行わせることにより、重複工事部分の費用を節減させて行うという事情の下における土壌汚染対策工事費用の金額であるから、本件土地の評価につき、減額する金額として相当でない。そして、請求人らの主張する土壌汚染対策工事費用の見積金額は公正に算出された適正なものと認められるから、本件土地を評価するに際し減額すべき土壌汚染の浄化費用の金額は当該見積金額の 80％相当額とすることが相当であって、原処分の一部を取り消すべき」と判断しています。

時点	出来事
H27.1.○	被相続人の相続開始
H28.3.12	本件土地を相続した相続人 F1 は、本件土地を S1 社に売り渡し、S1 社は分譲マンションの建築を目的として買い受けた。売買契約には、本件土地について土壌汚染、地中埋設物等隠れた瑕疵が発見された場合は、F1 の責任と負担において解決するものとする旨の条項有り。
H28.5	S1 が土壌汚染調査を T 社に依頼。
H28.6〜7	T 社調査の結果、特定有害物質（六価クロム及びふっ素）が把握された。
	T 社は S1 社に対して土壌汚染対策工事見積書（51,300,000 円）を発行した。
H29.3.11	土壌汚染が発見されたことに基づき、F1 は土壌汚染浄化費用 25,600,000 円を負担した。
H30.1.11	S1 社は本件土地上に、地上 7 階建てマンションを建築した。

（筆者作成）

⑵ 筆者コメント

　この事案では、浄化費用見積額（又は実額）の 8 割を控除すること自体については争点となっていませんので、当該控除が認められるための要件について検討した過程が本文中から読み取れませんが、実務上は要件をまず先に検討する必要があります。そこで、改めて本件土地について本文より読み取れる範囲で要件を検討すると、以下のとおり、要件①、②いずれも満たすと考えられます。

> **要件① 課税時期において評価対象地に土壌汚染が存在することが判明していること**
>
> 　相続開始後に本件土地の買主 S1 社により実施された T 社調査の結果、特定有害物質（六価クロム及びふっ素）が把握されていますので、要件①は満たします。

> **要件② その不動産の最有効使用の観点から土壌汚染対策工事を行う必要があり、対策費用の負担が避けられないこと**
>
> 　本件土地の地目、形状、利用状況等は不明ですが、建物に関する情報がなく更地（又は駐車場等）の可能性が高いこと、広大地の争点でいわゆるマンション適

地と判断されていること、S1 社が現にマンションを建築していること等から、最有効使用は「マンションの敷地」と考えられます。マンション建築に当たっては、土壌汚染対策工事（掘削除去）が必須であり、対策費用の負担も避けられません。本件では、現に売買契約の特約に基づき前所有者の相続人が対策費用を負担していることからも要件②を満たします。

2 現に土壌汚染の存する立体駐車場及び平置き駐車場の敷地

（国税不服審判所 R3.12.1 公表裁決 TAINS：J125-2-04）

(1) 事案の概要

　この事案では、請求人らが相続により取得した本件各土地（【図表 2、3】参照）の評価につき、土壌汚染がないものとした場合の評価額から、浄化・改善費用見積額の 8 割を控除することができるか否かが争われています。

【図表 2：本件各土地の概要】

項目	本件 1 土地・2 土地	本件 3 土地	本件 4 土地
課税時期の現況	大部分が立体駐車場 (※) の敷地で、それ以外は平置きのオートバイの駐輪場（※）立体駐車場は相続人が所有しており、被相続人に対する地代の支払いはなし。	平置きの駐車場	平置きの駐車場
周辺地域の状況	主に商業施設や中高層のオフィスビルが建ち並ぶ地域	主に商業施設や中高層のホテル・オフィスビルが建ち並ぶ地域	主に商業施設や中高層のオフィスビルが建ち並ぶ地域
用途地域	商業地域（80%/600%）	商業地域（80%/800%）	商業地域（80%/600%）
土壌汚染対策法	要措置区域、形質変更時要届出区域ではない。	要措置区域、形質変更時要届出区域ではない。	要措置区域、形質変更時要届出区域ではない。

（筆者作成）

【図表３：時系列表】

時点	出来事
H21.7.22 ～ 11.15	被相続人らは、本件各土地に係る土地区画整理事業が施行された際に、土壌汚染が懸念される土砂によって埋め立てられたと想定されたことなどから、本件各土地の土壌汚染の状況等を把握する目的で、指定調査機関であるN社に対して調査を依頼した。
	N社による調査の結果、本件３土地及び４土地から土壌汚染対策法所定の基準を超える特定有害物質の地中含有が確認された。
H28.3.14	本件３土地の土壌汚染対策工事の見積書：掘削除去する方法 67,500,000円（税抜） 本件４土地の土壌汚染対策工事の見積書：掘削除去する方法 166,000,000円（税抜）
H28.1.○	被相続人の相続開始。
R2.10.16 ～ 20	N社による調査の結果、本件１土地及び２土地から土壌汚染対策法所定の基準を超える特定有害物質の地中含有が確認された。
R3.4.6	本件１土地及び２土地の土壌汚染対策工事の見積書：掘削除去する方法 406,560,000円（税抜）

（筆者作成）

　税務署は、本件各土地は、相続開始日現在の使用状況が最有効使用の状態であり、その使用を継続するに当たって、汚染の除去等の措置を講ずる必要はないから、本件各見積額は、不要な土壌汚染対策工事を前提とした過大な金額であると主張しましたが、審判所は以下のとおり、浄化・改善費用見積額の８割を控除すべきと判断しています。

　汚染の除去等の措置としては、汚染土壌を掘り出す掘削除去措置のほか、汚染の封じ込め措置等も存するところ、どのような措置を採ることが相当であるかについては、当該措置後の使用収益の制限に伴う土地の減価や汚染の状況の程度などの諸事情を総合勘案して、その措置後に当該土地について最有効使用ができる最も合理的な措置によるべきである。

　この点、本件各土地の本件相続開始日における利用状況は、立体駐車場又は平置きの駐車場や駐輪場であるが、本件各土地周辺は、主に商業施設や中高層のオフィスビル等が建ち並ぶ地域となっており、本件各土地は、容積率が６００％又

は800%で、いずれも高度地区の第○種（最高○m）として指定されていることから、本件各土地の最有効使用は、中高層の建築物の敷地であると認められる。

　そして、本件各土地の土壌汚染の状況は、本件1土地及び本件2土地については深度0.5mから5mにわたり、本件3土地については深度0.5mに、本件4土地については深度1.5mから4mにわたり、いずれも土壌汚染対策法所定の基準を超える特定有害物質の地中含有が認められる状況であることからすると、掘削除去が本件各土地について最有効使用ができる最も合理的な措置であると認められる。

　そして、本件各見積額は、土壌汚染対策工事の実績を有し、その分野に精通しているQ社及びR社により見積もられたもので、汚染の掘削除去を前提としたものであるところ、当審判所の調査の結果によっても、その前提となる浄化・改善方法の選定及び各見積額の算定過程のいずれについても特段不合理なところは見当たらない。

　そうすると、本件各見積額は、本件各土地について最有効使用ができる最も合理的な措置における浄化・改善費用の金額として、いずれも相当であると認められる。

　したがって、本件取扱いにより控除すべき浄化・改善費用相当額は、本件各見積額（本件1土地及び本件2土地に係る見積額については、本件相続開始日に時点修正した金額）の80％相当額によるのが相当である。

(2)　筆者コメント

　本件各土地について浄化・改善費用見積額の8割控除が認められるための要件を改めて検討すると以下のとおりです。本件3土地・4土地は、要件①、②いずれも満たしますので、浄化・改善費用見積額の8割を控除すべきといえます。一方で、本件1土地・2土地は、要件②の検証が審判所・税務署ともに不十分であり、物足りない感じが残ります。

① 本件3土地・4土地

要件① 課税時期において評価対象地に土壌汚染が存在することが判明していること

　相続開始前に、N社による調査の結果、本件3土地及び4土地から土壌汚染対策法所定の基準を超える特定有害物質の地中含有が確認されていますので、要件①は満たします。

要件② その不動産の最有効使用の観点から土壌汚染対策工事を行う必要があり、対策費用の負担が避けられないこと

　本件3土地・4土地いずれも上物が存在しない更地です。最有効使用は周辺地域の状況より「商業施設や中高層のホテル・オフィスビルの敷地」と考えられます。商業施設や中高層のホテル・オフィスビルの建築に当たっては、土壌汚染対策工事（掘削除去）が必須であり、対策費用の負担も避けられないため、要件②も満たします。

② 本件1土地・2土地

要件① 課税時期において評価対象地に土壌汚染が存在することが判明していること

　相続開始後に、N社による調査の結果、本件1土地及び2土地から土壌汚染対策法所定の基準を超える特定有害物質の地中含有が確認されていますので、要件①は満たします。

要件② その不動産の最有効使用の観点から土壌汚染対策工事を行う必要があり、対策費用の負担が避けられないこと

　本件1土地・2土地は大部分が立体駐車場の敷地となっていますので、更地と異なり、直ちに商業施設や中高層のオフィスビルの建築を行うことができません。したがって、最有効使用としては、以下2つのシナリオが候補となります。
　シナリオA：現況の立体駐車場の利用の継続すること（この場合、要件②は満たしません）

　税務署は、「本件各土地は、相続開始日現在の使用状況が最有効使用の状態であり、その使用を継続するに当たって、汚染の除去等の措置を講ずる必要はないから、本件各見積額は、不要な土壌汚染対策工事を前提とした過大な金額である」と主張しています（シナリオ A が最有効使用）。審判所は、周辺地域の状況を踏まえてシナリオ B が最有効使用と判断しています。

　鑑定評価の考え方を厳密に貫けば、シナリオ B について物理的・法的な実現可能性の検証、及び、各シナリオごとの価格概算・比較を踏まえた最有効使用の判断が必要となります。したがって、税務署、審判所ともに最有効使用について検証が不十分と思われます。

　本件では結果的には納税者の主張が認められた形になっていますが、税務調査段階での税務署の主張（シナリオ A が最有効使用）に対して、納税者側としてはシナリオ B について物理的・法的な実現可能性の検証、及び、各シナリオごとの価格概算・比較を踏まえた最有効使用の判断の結果シナリオ B が最有効使用であることを主張・立証できていれば、審判所で争わずに済んだのではないかと思うところがあります。

SECTION 8
埋蔵文化財包蔵地の評価において発掘調査費用見積額の８割控除が認められる要件

　相続税申告における埋蔵文化財包蔵地の評価方法としては、国税庁ホームページ「土壌汚染地等の評価の考え方について（情報）」（令和 6 年 6 月 21 日）（巻末資料①参照）において、発掘調査費用見積額の 8 割を控除する取扱いが示されています。

評価方法（以下「評価通達に手を加える方法」という）

埋蔵文化財包蔵地の価額（注5）	=	文化財がないものとした場合の価額（注1）	−	発掘調査費用に相当する金額（見積額の80％相当額）（注2、3、4）

（注）1　文化財がないものとした場合の価額は、文化財がないものとして路線価等に基づき評価した価額をいう。

　　　2　文化財がないものとした場合の価額が地価公示価格水準の 8 割程度とされていることとのバランスから、発掘調査費用に相当する金額についてもその見積額の 80％相当額とする。

　　　3　発掘調査費用の見積額は、課税時期において最も合理的と認められる措置に基づき算定するのが相当である。

　　　4　土地所有者において発掘調査費用の負担が生じない場合のほか、発掘調査費用が生ずる蓋然性が低い場合には、発掘調査費用に相当する金額はないものとして取り扱う。

　　　5　発掘調査費用に相当する金額が文化財がないものとした場合の価額を上回る場合には、文化財がないものとした場合の価額を限度とする。

　この評価通達に手を加える方法により、発掘調査費用見積額の 8 割控除が認められるには、次の要件を満たす必要があると考えます。単に評価対象地が文化財保護法の周知の埋蔵文化財包蔵地内に所在してさえいればよいわけではありません。

> **要件①** 課税時期において評価対象地に埋蔵文化財が埋まっている事実が明らかであること
>
> **要件②** その不動産の最有効使用の観点から土地の掘削工事を行う必要があり、発掘調査費用の負担が避けられないこと

　なお、当該情報によれば、発掘調査費用の額が確定している場合の取扱いについては、土壌汚染地の評価に準ずることとされています。すなわち、課税時期において発掘調査費用の額が確定している場合には、その発掘調査費用の額（課税時期において未払になっている金額に限ります）は、その土地の評価額から控除するのではなく、相続税法14条1項に規定する「確実と認められる債務」として、相続財産の価額から控除すべき債務に計上し、他方、評価対象地は発掘調査を了して文化財がないものとして評価するのが相当であるとされている点にも注意する必要があります。

1　埋蔵文化財包蔵地の評価において発掘調査費用見積額の8割控除が認められる要件

　【図表2】は、国税庁ホームページ「土壌汚染地等の評価の考え方について（情報）」（令和6年6月21日）（巻末資料①参照）で示されている埋蔵文化財包蔵地の評価方法に関するフローチャートになります。当該フローチャートと要件①②の関係、及び、各要件の内容を示すと以下のとおりです。

(1)　要件①に関して

　評価対象地が周知の埋蔵文化財包蔵地内に所在していても、試掘調査を実施した結果、文化財が発見されない場合や過去の調査履歴・周辺の調査履歴から文化財が包蔵されている可能性が低い場合には、発掘調査費用の負担は生じません。ここは、【図表2】フローチャートの①～④のチェック項目に対応する部分になります。

　ただし、この要件①は、実際に土木工事を行うために土地所有者（開発事業者）から発掘届が提出され、行政による試掘調査が実施されて初めて確認できる場合が多く、申告期限までに埋蔵文化財の埋まっている事実を確認できない場合が多いと

思われます。そのような場合でも、申告期限後に試掘調査が実施されて埋蔵文化財の存在が判明し、かつ、実際に発掘調査費用の負担が生じた場合には、更正の請求を検討することになります。

(2) 要件②に関して

評価対象地が周知の埋蔵文化財包蔵地内に所在することは当然の前提として、まず、評価対象地において土木工事を行う必要性がなければそもそも文化財保護法の規定に基づく発掘届の提出もありません。すなわち、評価対象地の最有効使用の判定の結果、土地を掘削して建物を建てることが最有効使用と判定されない場合には、土木工事の必要性もありません。具体的には以下のようなケースがそれに該当します。

・市街化調整区域内の現況資材置場や駐車場で、開発許可が得られず宅地化が困難であり、最有効使用が資材置場や駐車場と判定される場合
・現に建物が建っており、現況建物利用の継続が最有効使用の場合

なお、このケースについて、証券化実務指針では以下のように述べられています。

「周知の埋蔵文化財包蔵地」であっても、土地を掘削する予定がなければ、試掘調査及び発掘調査に係わる費用が生じる危険性はない。したがって、建物の残存耐用年数が長く建替えの予定がない場合を含め、建物の新設、増築等の予定がないと合理的に判断できる場合など、埋蔵文化財包蔵地等（隣接地等が埋蔵文化財包蔵地である場合を含む。以下同じ）という個別的要因が、価格形成に大きな影響を与えることがないと判断できれば価格形成要因から除外して鑑定評価を行うことができる。

（出典：証券化実務指針 26 項）

さらに、要件①を満たす場合であっても、評価対象地の最有効使用の判定結果及び教育委員会との協議結果次第では、現状保存が可能で発掘調査が不要、すなわち、発掘調査費用の負担が生じないと判断できる場合もあります。具体的には、以下のようなケースが挙げられます。

・最有効使用の建物が戸建住宅のような場合、建築行為をしたとしても、掘削工

事の深度が浅く、埋蔵文化財の現状保存が可能な場合

・敷地内で掘削工事を行う位置を変更することで、埋蔵文化財の現状保存が可能な場合

なお、ここは、【図表2】フローチャートの⑤⑥のチェック項目に対応する部分になります。この点、当該情報によれば、以下のとおり記載されています。

> 例えば、評価対象地において、既に評価対象地が存する地域における標準的な土地の利用が実現している場合には、現状の利用を継続するのが一般的と考えられ、また、評価対象地の周辺において、その地域における標準的な土地の利用を実現する建物が、発掘調査を実施することなく建築等されている場合には、評価対象地においても発掘調査を実施することなく同種の建物の建築等を行うことができるものと考えられることから、原則としてこのような場合には、発掘調査費用が生ずる蓋然性が低いと認められる。

> 建物の基礎工事等で文化財に影響がある場合に発掘調査が必要になる。試掘調査で遺跡が発見された場合でも、建物の建築工事等による文化財への影響が回避できる場合は、発掘調査をせずに、工事着工が可能となることがある。例えば、文化財の分布が敷地の片隅にしかなく建物の建築工事等が文化財に与える影響が少ない場合には、慎重な工事や、行政が立会いの下に工事を実施する指示がある。

実務上、要件②は税理士だけでは判断が困難な場合も多いので、不動産鑑定士に相談する必要があると考えます。

【図表 2 ：埋蔵文化財包蔵地の減価要否】

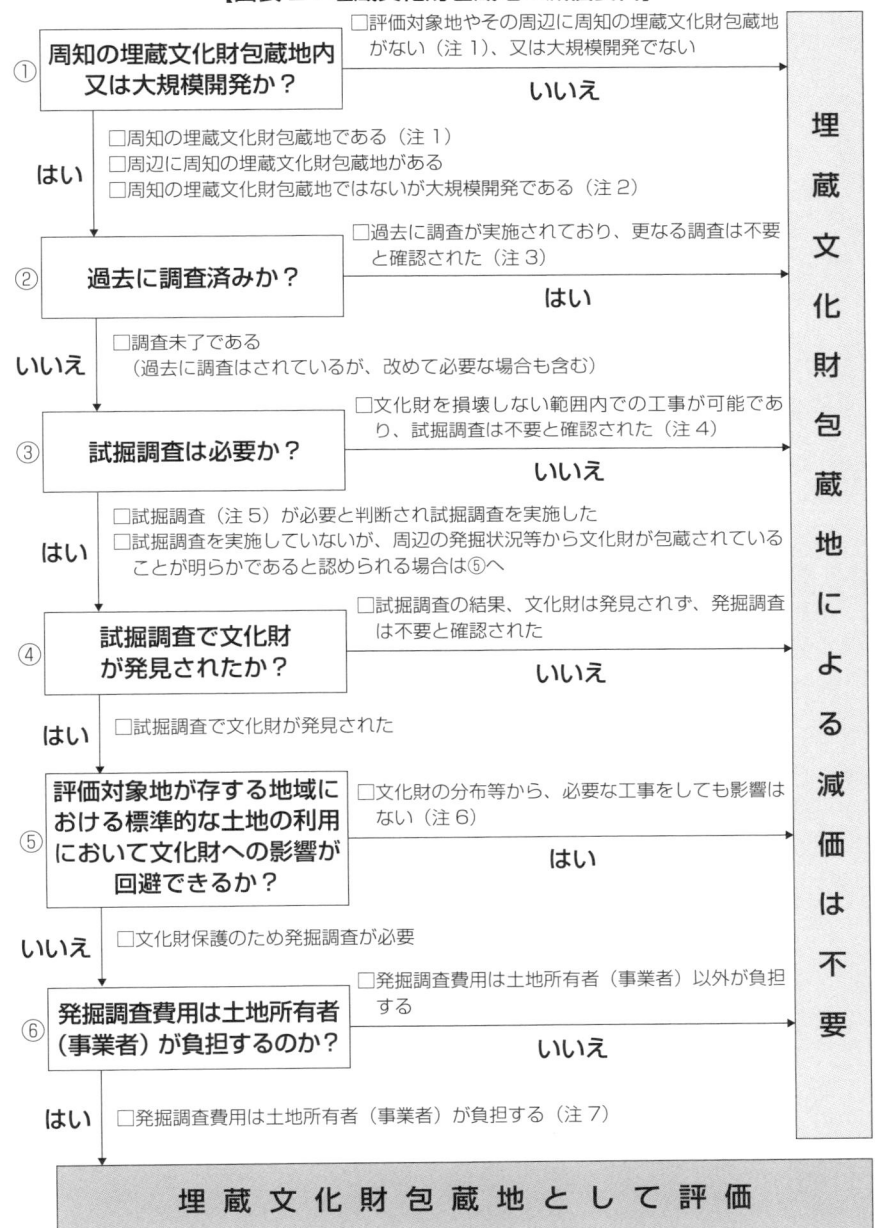

（注）1　周知の埋蔵文化財包蔵地以外から文化財が出土した場合には、文化財保護法第96条に基づく届出義務があり、文化財の重要度に応じて、文化財保護のために工事の制限等がかかる可能性がある。この場合に、土地所有者（事業者）に経済的負担が生ずれば、周知の埋蔵文化財包蔵地と同様に土地の減価が必要であることに留意する。

2　地方公共団体によっては、周知の埋蔵文化財包蔵地に隣接する場合や一定の敷地面積の開発工事において、事前相談を行い、試掘調査を実施している。試掘調査の結果、文化財が出土した場合は、発掘調査を実施する可能性もある。

3　過去に調査が実施されている場合等は、慎重に工事を実施する指示がある。

4　建物の建築工事の基礎が浅い、掘削深度が浅い場合など、工事を実施しても文化財への影響が回避できる場合等は、試掘調査に代えて、行政が立会いの下に工事を実施する指示がある。

5　試掘調査における調査期間は通常数日、費用は原則として行政負担となる。

6　建物の基礎工事等で文化財に影響がある場合に発掘調査が必要になる。試掘調査で遺跡が発見された場合でも、建物の建築工事等による文化財への影響が回避できる場合は、発掘調査をせずに、工事着工が可能となることがある。例えば、文化財の分布が敷地の片隅にしかなく建物の建築工事等が文化財に与える影響が少ない場合には、慎重な工事や、行政が立会いの下に工事を実施する指示がある。

7　発掘調査費用は、原則として、個人の自己専用住宅は公費負担となり、それ以外の用途は土地所有者（事業者）が負担する。

（国税庁ホームページ「土壌汚染地等の評価の考え方について（情報）」（令和6年6月21日））

❷　課税庁内部での取扱い

　評価通達に手を加える方法について、課税庁内部では、鑑定評価額による時価申告と同様、専門的にしっかり審理されます。したがって、要件①、②に関して確認検討が不十分な場合、否認リスクが相当高まりますのでしっかりと要件①、②を確認検討しておく必要があります。

SECTION 9　裁判例・裁決例
埋蔵文化財包蔵地の評価方法に関して争われた裁決例

　相続税申告における埋蔵文化財包蔵地の評価方法に関して争われた裁決例として、以下2つがあります。

1　国税不服審判所 H20.9.25 公表裁決
　　TAINS:J76-4-20

　この事案では、請求人が相続により取得した市街地山林の評価につき、埋蔵文化財の発掘調査費用の80%相当額を控除すべきか否かが争われています。

【図表1：本件土地の概要】

・第一種中高層住居専用地域（60%／200%）
・路線価方式
・周辺の土地は、戸建の住宅地等として利用されている。
・周知の埋蔵文化財包蔵地（J貝塚区域内）に所在する。本件各土地には、埋蔵文化財「縄文、古墳　貝塚、集落跡」1か所がある（教育委員会回答書）。本件各土地のうち、一部に貝塚部分が存在する（教育委員会職員の答述）。文化財保護法93条規定の発掘調査に係る発掘調査費用は、原則、土地の所有者（事業者）負担となる（教育委員会職員の答述）。発掘調査費用の見積額は11億円となる（教育委員会回答書）。

【別表2　本件各土地の明細】

	順号	所　在　地	登記簿上の地積	地　積（注1）	現況	区域区分（注2）
本件A土地	①		27,903㎡	36,542㎡	山林	市街化区域
			7,884㎡		山林	市街化区域
本件B土地	②		6,545㎡	7,110㎡	山林	市街化区域
本件C土地	③		644㎡	640.05㎡	山林	市街化区域
			165㎡		山林	市街化区域
	合　　計		43,141㎡	44,292.05㎡		

（注1）地積は、████████ が行った測量結果を基に請求人が本件申告書に記載したものであり、原処分庁はこの地積に基づいて本件更正処分を行った。

（注2）区域区分は、都市計画法7条《区域区分》1項に規定する区域区分である。

【別紙3　本件各土地の位置図】

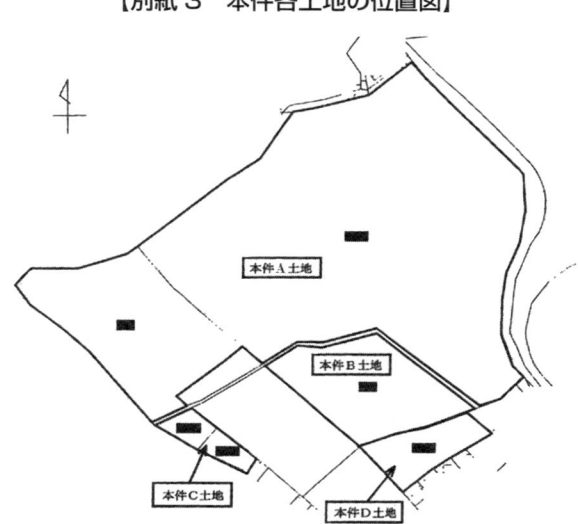

　税務署は、埋蔵文化財の発掘調査費用の控除は必要なく、文化財保護法による法的規制等を考慮して10％の減額をすれば足りる旨主張しましたが、審判所は以下のとおり述べた上で、「土壌汚染地の評価等の考え方について（情報）」（平成16年7月5日付国税庁課税部資産評価官情報第3号・同資産課税課情報第13号）に準じて、発掘調査費用見積額の80％相当額を控除すべきと判断しています（下線、波線は筆者）。

　本件各土地は、宅地として利用される地域に所在し、その相続税の評価においても、市街地山林であることから、評価基本通達においては宅地化を前提として評価される土地であると認められる。

　本件各土地は、周知の埋蔵文化財包蔵地に該当すると認められるJ貝塚の区域内に所在し、実際に本件A土地及び本件B土地の一部に貝塚部分が存在している

ことから、宅地開発に係る土木工事等を行う場合には、文化財保護法第93条の規定に基づき、埋蔵文化財の発掘調査を行わなければならないことが明らかである。

　しかも、その発掘調査費用は、その所有者（事業者）が負担することになり、その金額も、発掘調査基準に基づき積算したところ約11億円もの高額になる。

　そうすると、上記の宅地開発における埋蔵文化財の発掘調査費用の負担は、一般的利用が宅地であることを前提として評価される本件各土地において、その価額（時価）に重大な影響を及ぼす本件各土地固有の客観的な事情に該当すると認められる。

　そして、本件各土地に接面する路線に付されている路線価は、周知の埋蔵文化財包蔵地であることを考慮して評定されたものとは認められず、また、評価基本通達上に発掘調査費用の負担に係る補正方法の定めも認められないことから、本件各土地の評価上、当該事情について、所要の考慮を検討するのが相当である。

（※）上記審判所の判断における波線部が要件①に、下線部が要件②に対応する部分になります。

② 周知の埋蔵文化財包蔵地内に所在する貸宅地
（国税不服審判所 H30.2.27 非公開裁決 TAINS：FO-3-600）

　この事案では、請求人らが、相続により取得した周知の埋蔵文化財包蔵地内に所在する本件5土地（【図表1】参照）の評価に当たり、周知の埋蔵文化財包蔵地であることを考慮して評価すべきか否かが争われています。

【図表1：本件5土地の概要】
〈本件5土地の間口距離等〉

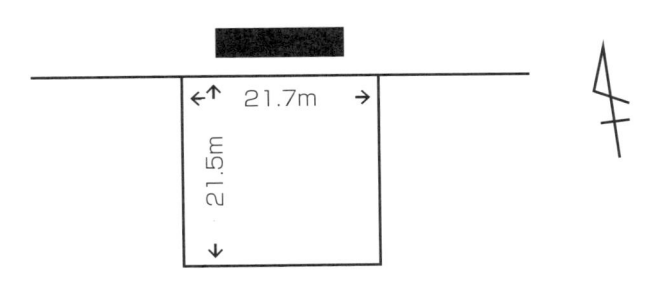

・地積 467.13㎡

・路線価方式（普通住宅地区、借地権割合 40%、路線価 41,000 円 /㎡）

・相続開始日において、建物所有目的として賃貸されており、事務所兼住宅及び作業場の敷地として利用されていた。

・周知の埋蔵文化財包蔵地に所在するものの、本件 5 土地においては、埋蔵文化財に関する調査が実施されたことはなく、本件相続の開始の時においても、埋蔵文化財の存在は明らかとなっていない。実際に請求人らに発掘費用等の負担は生じていない。本件 5 土地の周辺は、戸建住宅が連たんする住宅地であるが、遺跡が発掘されたことや遺跡の存在を示す標識、遺跡の展示物などは見当たらない。本件 5 土地周辺の発掘調査の事例が約 20 年間で 1 件しかない。

請求人らは、周知の埋蔵文化財包蔵地であることの影響について路線価に反映されていないから、利用価値が低下していないものとして評価した場合の価額から、当該価額に 10% を乗じて計算した金額を控除した価額によって評価すべきと主張しましたが、審判所は以下のとおり述べた上で、10% 控除は認められないと判断しています（波線、下線は筆者）。

　本件 5 土地においては、埋蔵文化財に関する調査がされておらず、埋蔵文化財が存在するか否かが明らかとはなっていないところ、請求人らに、実際に発掘費用の負担も生じていない。

　そして、本件 5 土地の周辺には、埋蔵文化財が包蔵されていることをうかがわせるような具体的な事実も認められず、平成 9 年度から平成 28 年度までに実施された本件確認調査においても、埋蔵文化財が確認された件数が少ないことからすれば、本件 5 土地に埋蔵文化財が包蔵されている蓋然性は低いものと推認される。

　そうすると、本件 5 土地において土木工事を行う際に、土地所有者が埋蔵文化財に関する調査に伴う費用等を実際に負わなければならない可能性が高いとはいえず、本件 5 土地が本件地域内に存することのみをもって、土地の価額に影響を及ぼすべき客観的なその土地固有の事情があるとするのは相当ではない。

　また、本件 5 土地は、現に事務所等として利用されており、請求人らの提出

した資料や当審判所の調査によっても、本件 5 土地の客観的交換価値に影響を及ぼすべき事情や本件 5 土地の利用価値が低下していると認められる事実は見当たらない。

　これらのことからすると、本件 5 土地が本件地域内に存することのみをもって利用価値が著しく低下している宅地に該当するとはいえないから、本件取扱いを適用して評価することはできない。

③　筆者コメント

　■ 国税不服審判所 H20.9.25 公表裁決 TAINS：J76-4-20 で、税務署が埋蔵文化財包蔵地の評価に関して 10% 評価減の主張をしていることから、この事案の請求人の主張のように周知の埋蔵文化財包蔵地内に所在してさえいれば、発掘調査費用の 8 割控除は認められなくても、利用価値が著しく低下している宅地 10% 評価減なら認められると解している税理士が多いですが、それは誤りです。

　この事案を通じて理解していただけたかと思いますが、単に周知の埋蔵文化財包蔵地内に所在しているという事実だけで直ちに利用価値が著しく低下している宅地の 10% 評価減は認められません。審判所の判断を読む限り、10% 評価減の検討に当たっても、発掘調査費用見積額の 8 割控除の要件①、②と同じ観点で検討されています（波線部が要件①、下線部が要件②に関する部分）。

　なお、この事案は、10% 評価減すら認められておらず、発掘調査費用見積額の 8 割控除も認められないのは明確ですが、改めて控除が認められるための要件を確認すると以下のとおりです。

要件① 課税時期において評価対象地に埋蔵文化財が埋まっている事実が明らか
**　　　であること**

　相続開始日において、本件5土地に埋蔵文化財の存在は明らかとなっていません。さらに、周辺でも遺跡が発掘されたことや遺跡の存在を示す標識、遺跡の展示物などは見当たりません。本件5土地周辺の発掘調査の事例が約20年間で1件しかありません。以上より、要件①は満たしません。

要件② その不動産の最有効使用の観点から土地の掘削工事を行う必要があり、
**　　　発掘調査費用の負担が避けられないこと**

本件5土地の最有効使用は以下2つのシナリオが考えられます。

シナリオA：現況の土地賃貸借契約の継続（この場合、要件②を満たしません）

シナリオB：借地人を立ち退かせて、建物を解体し、新たに最有効使用の建物
　　　　　　を建築すること（この場合、要件②を満たす余地が出てきます）

　本件5土地は相続開始日において、建物所有目的として賃貸され、事務所兼住宅及び作業場の敷地として利用されており、借地人立退きの実現可能性は低いので、最有効使用はシナリオAと考えられます。したがって、要件②は満たしません。

SECTION 10

地下埋設物のある土地の評価において除去費用見積額の8割控除が認められる要件

　相続税申告における地下埋設物のある土地の評価方法としては、資産税審理研修資料「産業廃棄物が存する土地の評価」（平成24年7月作成 TAINS）（巻末資料②参照）において、地下埋設物の除去費用見積額の8割を控除する取扱いが示されています。

評価方法（以下「評価通達に手を加える方法」という）

> 地下埋設物のある土地の評価額＝汚染がないものとした通達評価額
> 　　　　　　　　　　　　　－除去費用見積額×80%

　この評価通達に手を加える方法により、除去費用見積額の8割控除が認められるには、次の要件を満たす必要があると考えます。単に評価対象地に地下埋設物が存在してさえいればよいわけではありません。

> **要件①** 課税時期において評価対象地に地下埋設物が埋まっている事実が明らかであること
> **要件②** その不動産の最有効使用の観点から土地の掘削工事を行う必要があり、除去費用の負担が避けられないこと

1 地下埋設物のある土地の評価において除去費用見積額の8割控除が認められる要件

(1) 要件①に関して

　資産税審理研修資料「産業廃棄物が存する土地の評価」（平成24年7月作成 TAINS）（巻末資料②参照）によれば、「『産業廃棄物が埋設されている土地』とは、課税時期において、産業廃棄物が埋設されていることが判明している土地であり、

埋もれている可能性があるなどの潜在的な段階では、個別に斟酌することはできない」と記載されています。これがまさしく要件①の具体的内容になります。

　要件①を確認するには、実際に掘ってみるしか方法はありませんが、単に地下埋設物が埋まっているか否か確認するためだけの目的で掘削費用をかけて掘ることを納税者に理解してもらうのはハードルが高いでしょう。要件②とも関係しますが、何らかの建物を建てることが評価対象地の最有効使用である場合において、相続開始後に実際に建築工事を実施した際に産業廃棄物など地下埋設物が埋まっている事実が判明したことで要件①を満たすことが事後的に確認できるような場合が多いのではないかと思われます。申告期限後に要件①（及び要件②）の確認が取れた場合には、更正の請求によることになります。

(2)　要件②に関して

　要件②は、資産税審理研修資料「産業廃棄物が存する土地の評価」（平成 24 年 7 月作成 TAINS）（巻末資料②参照）において明記されていませんが、**SECTION　6**「土壌汚染地の評価において浄化・改善費用見積額の 8 割控除が認められる要件」の要件②と同様に確認が必要な要件になります。要件①は満たすものの、要件②を満たさず、除去費用見積額の 8 割控除が認められないと判断された事案（**SECTION 11 参照**）もあります。実務上、要件②は税理士だけでは判断が困難な場合が多いので、不動産鑑定士に相談する必要があると考えます。

２　課税庁内部での取扱い

　評価通達に手を加える方法について、課税庁内部では、鑑定評価額による時価申告と同様、専門的にしっかり審理されます。したがって、要件①、②に関して確認検討が不十分な場合、否認リスクが相当高まりますのでしっかりと要件①、②を確認検討しておく必要があります。

SECTION 11 　裁判例・裁決例

地下埋設物のある土地の評価方法に関して
争われた裁判例

　相続税申告における地下埋設物のある土地の評価方法に関して争われた裁判例として、東京地判 H15.2.26 TAINS：Z253-9292 があります。

1　現に地下埋設物のある貸家及びその敷地
　　（東京地判 H15.2.26 TAINS：Z253-9292）

　この事案では、原告（相続人）が、相続した不動産（貸家及びその敷地）の土地の評価に当たり、地下埋設物が存在するためその養生費用相当額を控除すべきと主張しましたが認められませんでした。裁判所は以下のとおり述べ、養生費用を控除すべきでないと判断しています（波線、下線は筆者）。

　以上に加えて、原告らは、本件人形町の土地には地中埋蔵物があるため、土地を売却して新たに建物を建てるためには、養生費用が必要となるとして、本件人形町の土地の更地価格から養生費用を差し引くのが相当である旨を主張する。

　しかし、原告らの主張が認められるためには、地中埋蔵物の存在によって、一般の取引通念上、本件人形町の土地の取引価格が減額されることが必要となるところ、本件人形町の土地が埋立地であり、地下に埋蔵物が存在することは認められるものの、本件人形町の土地には、本件相続開始当時において、その土地上に鉄骨造2階建の車庫付き事務所兼倉庫が建てられていたことに照らせば、本件相続開始時において、上記事情が、本件人形町の土地の価格を一般に減額させるものであるか否かが明らかでないといわざるを得ない。また、原告らは、本件人形町の土地と同様に、地価に埋蔵物がある土地の売買に際し、売主が、買主に対し地中埋蔵物の撤去義務及び瑕疵担保責任を負う旨の特約のある契約が締結された旨の書証を提出するが、当該契約の対象地においては埋蔵物の質及び量が本件人形町の土地と同程度のものであるか否かが明らかでない以上、これによって本件人形町の土地を処分する際にも同様の約定が合意されるか否かは明らかでない

といわざるを得ない。

　したがって、原告らの上記主張は、これを採用することができない。

（※）上記審判所の判断における波線部が要件①に、下線部が要件②に対応する部分になります。

2　筆者コメント

　この事案では、納税者、税務署いずれも鑑定評価額で評価しているため、養生費用8割相当の控除ではなく、養生費用相当額を控除すべきか否かについて争われています。ただし、鑑定評価において当該費用の控除が認められるか否かの要件は評価通達に手を加える方法と実質的に同じく以下の2つになります。

> **要件①** 課税時期において現に地下埋設物が埋まっている事実が明らかであること
>
> **要件②** その不動産の最有効使用の観点から土地の掘削工事を行う必要があり、除去費用の負担が避けられないこと

　本件土地には地下に埋蔵物が存在することが認められ、要件①は満たすものの、要件②を満たさないため、養生費用相当額の控除は認められませんでした。本件土地は、被相続人の貸家が建っており、被告や裁判所も貸家建付地の評価減を行っていることから現に賃貸中（稼働中）であることが読み取れます。このように課税時期において現に稼働中の貸家が建っている敷地を評価するに当たっては、建物の存在を無視するわけにはいきません。

　鑑定評価では、貸家及びその敷地のような土地建物一体の類型（建物及びその敷地）に関しては、①現況の建物利用の継続、②建物の用途変更・構造改造等、③建物取壊しのうちいずれのシナリオが最有効使用かを判定する必要があります。

　本件では、③建物取壊しが最有効使用と判断されるのであれば、現況建物を取り壊し、新たに最有効使用の建物の建築を想定することを意味しますので、原告（相続人）のいうように養成費用を控除する余地も出てきます。しかし、少なくとも本文を読む限りでは、③建物取壊しが最有効使用とは判断されないと考えられます。現況稼働中の貸家の場合、建物取壊費用だけでなくテナントへの立退料も考慮する

必要がありますので、③建物取壊しが最有効使用と判定するのは自用の建物に比べて一般的にもハードルが高いです。

　税務署も「本件相続の開始時点における本件人形町の土地の現況は、周辺の土地と同様既に建物が建てられ、その敷地として利用されているのであり、近隣の埋立地以外の土地と比較しても利用上の制約及び法令上の差異があるものとは認められない」と述べていますが、①現況の鉄骨造2階建の車庫付き事務所兼倉庫（貸家）の利用継続が最有効使用と認められ、あえて現況建物を取壊して土地を掘削する必要はない、すなわち、養生費用の負担は生じないと考えるのが妥当かと思われます。

COLUMN 1

評価通達 20-2（地積規模の大きな宅地の評価）の適用漏れ・適用ミス

(1)　評価通達 20-2（地積規模の大きな宅地の評価）

　地積規模の大きな宅地に関しては従来広大地通達がありましたが、その適用要件の判定をめぐって納税者と税務署との間で争いが多かったこと等を踏まえて平成 29 年 9 月の評価通達改正で廃止され、新たに評価通達 20-2 が新設されました（課税時期が平成 30 年 1 月 1 日以降の場合に適用）。従来の広大地通達に比べて適用要件が明確化（数値基準等）されており、形式的に適用要件の判定ができる点が特徴です。ただそれでも評価通達 20-2 の適用漏れ・適用ミスが散見されます。以下筆者がよく見かける適用漏れ・適用ミスの具体例を紹介します。

(2)　倍率地域の場合の適用漏れ

　倍率方式で評価する宅地であっても評価通達 20-2 の適用を検討する必要がありますが（評価通達 21-2 ただし書き）、この検討が漏れているケースが散見されます。被相続人個人が倍率地域に地積規模の大きな宅地を保有しているケースというよりは、非上場会社の株式評価（純資産価額の計算）で法人所有の土地を評価する際に、法人が地方に（倍率地域に）工場や倉庫の敷地として地積規模の大きな宅地を所有しているケースで検討が漏れていることが多いです。

　評価通達 20-2 の適用除外地域として、市街化調整区域（都市計画法 34 条 10 号又は 11 号の規定に基づき宅地分譲に係る同法 4 条《定義》12 項に規定する開発行為を行うことができる区域を除きます）が定められています。図で示せば以下のとおりです。

【評価通達 20-2（地積規模の大きな宅地の評価）の適用除外地域（グレー部分）】

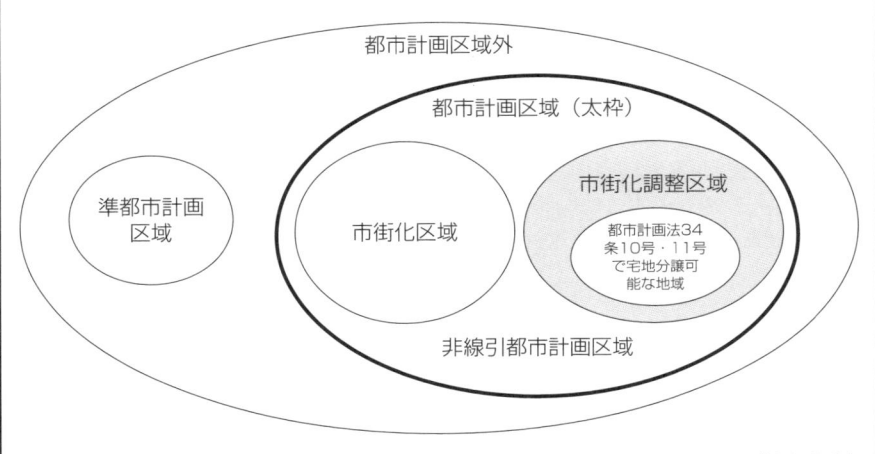

都市計画区域外

都市計画区域（太枠）

準都市計画区域

市街化区域

市街化調整区域

都市計画法34条10号・11号で宅地分譲可能な地域

非線引都市計画区域

（筆者作成）

　市街化調整区域であっても、都市計画法 34 条 10 号又は 11 号の規定に基づき宅地分譲に係る同法 4 条《定義》12 項に規定する開発行為を行うことができる区域であれば、（他の要件を満たせば）評価通達 20-2 の適用があります。この点、評価対象地が、都市計画法 34 条 11 号の区域（いわゆる条例指定区域）に所在するというだけで評価通達 20-2 の適用要件を満たすと判断しているミスが見受けられます。ただあくまでも適用要件を満たすのは、都市計画法 34 条 11 号の規定に基づき<u>宅地分譲に係る開発行為を行うことができる区域</u>です。都市計画法 34 条 11 号の区域があり、かつ、宅地分譲が可能か否かは自治体ごとに異なりますので、役所調査で確認する必要があります。

　例えば、以下に示すとおり、群馬県伊勢崎市では都市計画法 34 条 11 号

区域において宅地分譲はできないこととされていますので、仮に評価対象地が都市計画法 34 条 11 号の区域に所在していても適用要件を満たしません。埼玉県行田市では都市計画法 34 条 11 号の区域において宅地分譲はできることとされていますので、仮に評価対象地が都市計画法 34 条 11 号の区域に所在していれば、適用要件を満たします。

自己の居住の用に供する住宅（都市計画法第34条第11号）

伊勢崎市都市計画法に基づく開発許可等の基準に関する条例（伊勢崎市条例第249号）

本条例は、分譲目的による法人の申請は、許可の対象外になります。

（出典：群馬県伊勢崎市ホームページ）

都市計画法第34条第11号区域

- ➤ 親族要件がなく、誰でも建築が可能
- ➤ 自己用住宅に加え、非自己用住宅（長屋や建売分譲）の建築が可能
- ➤ 原則として、平成18年9月1日より前から登記地目が「宅地」であることが必要
- ➤ 別途、技術基準（道路幅員や排水など）あり

（出典：埼玉県行田市ホームページ）

第 2 章

土地建物内訳比率の算定における
鑑定評価の使いどころ

SECTION 1

一括売買した土地建物の内訳が不明な場合の按分方法

　一括売買された土地建物の対価が売買契約書上区分されていない場合（建物に係る消費税等が記載されていない場合を含みます）、税務上対価を土地と建物部分に合理的に按分する必要がありますが、具体的にどのような方法があるのでしょうか。

　国税庁ホームページ タックスアンサー「No.6301　課税標準」によれば、按分方法として以下の方法が挙げられています。

---

(1)　譲渡時における土地及び建物のそれぞれの時価の比率による按分

(2)　相続税評価額や固定資産税評価額を基にした按分

(3)　土地、建物の原価（取得費、造成費、一般管理費・販売費、支払利子等を含みます）を基にした按分

1　インボイス制度開始後の実務

　一括売買された土地建物の対価が売買契約書上区分されていない場合（建物に係る消費税等が記載されていない場合を含みます）、税務上対価を土地と建物部分に合理的に按分する必要があり、その按分方法が問題となります。

　インボイス制度開始後は、売主が適格請求書発行事業者であれば建物に係る消費税等が明記された適格請求書が交付されることから、このような問題は減少すると思われます。ただし、適格請求書発行事業者である売主から、売買契約書や適格請求書の作成段階で按分方法について税理士に相談がある場合が想定されます。また、免税事業者が売主の場合、これまで同様買主から按分方法について税理士に相談がある場合が想定されます。

2　固定資産税評価額の比率による按分法

　実務上は、手間とコストのかからない固定資産税評価額の比率による按分法を採

用している税理士が圧倒的に多いです。過去の裁決例や裁判例をみても、固定資産税評価額の比率による按分法が多いのが事実であり、固定資産税評価額の比率で按分しておけば税務調査で問題になることは少ないと思われます。

3 鑑定評価額の比率による按分法

一方で、売主としては建物比率を低くして課税売上を抑えたい、買主としては建物比率を高くして課税仕入や減価償却を多くとりたいというニーズがあり、固定資産税評価額の比率でなく鑑定評価額の比率でこれらニーズに応えられる事案もあります。

鑑定評価額の比率による按分法に関して、国税庁ホームページ質疑応答事例「不動産鑑定業者による鑑定評価額を課税標準とする場合の取扱い」として以下により詳細な取扱いが公開されています（下線は筆者）。

不動産鑑定業者による鑑定評価額を課税標準とする場合の取扱い

【照会要旨】

土地と建物を一括譲渡した場合において、不動産の鑑定評価に関する法律（昭和 38 年法律第 152 号）に規定する不動産鑑定業者による鑑定評価額があり、かつ、その鑑定評価額が合理的であると認められるときは、次により計算した金額を合理的に区分された建物の譲渡に係る対価の額として取扱ってよいでしょうか。

1．鑑定業者による土地及び建物の評価額の合計額が、売買価額と同額である場合は、建物の評価額によります。

ただし、当該評価額の合計額が売買価額と異なる場合には、売買価額に建物の評価額が当該評価額の合計額に占める割合を乗じた金額によります。

これらの方法により計算した建物の譲渡に係る対価の額が「零」である場合は、買主がその建物を引き続き保有することとなっても、建物については課税の対象外とします。

2．2以上の不動産鑑定業者に鑑定評価を依頼した場合において、建物の評価額

に差異のあるときは、最も合理的と認められる建物の評価額を基礎として、1
に準じて計算した金額によります。

　なお、この方法により難い場合には、それぞれの鑑定評価における建物の評
価額が当該評価額の合計額に占める割合を加重平均した割合を基に1のただ
し書による計算方法に準じて計算した金額によります。

【回答要旨】

　そのとおり取り扱って差し支えありません。

【関係法令通達】

　消費税法施行令第45条第3項、消費税法基本通達10-1-5

　なお、鑑定評価により土地と建物の内訳価額（比率）を算出する方法の概要は、
第3章 SECTION　2「建物法人化スキームにおける建物の鑑定評価の概要」と同じ
ですのでそちらを確認してください。

鑑定評価額の比率による按分法が合理的と認められた直近の裁判例

　実務上は、手間とコストのかからない固定資産税評価額の比率による按分法を採用する場合が多いですが、固定資産税評価額の比率によらず、鑑定評価額の比率による按分法が妥当と判断された直近の裁判例として、以下2つがあります。

1　買主側の裁判例
（東京地判 R2.9.1 TAINS:Z270-13444）

　本件は、飲食店の経営等を目的とする法人（原告）が、平成23年6月1日に競売で一括取得した土地建物（港区六本木に所在する築5年の飲食店舗用の貸ビル及びその敷地）の取得価額（約25億9千万円）の按分方法等について争われた事案です。結論としては、原告からの申出により裁判所が選任した不動産鑑定士による鑑定評価額（以下「裁判所鑑定」といいます）の合理性が認められ、裁判所鑑定の比率により按分するのが合理的と判示されました（【図表1】参照）。原告主張の鑑定評価額（以下「原告鑑定」といいます）の比率に関しては、各種査定根拠の問題点が指摘され、適正な鑑定とは認められませんでした。

【図表1：原告及び被告の主張と裁判所の判断概要】

	原告（納税者）	被告（国・税務署）	裁判所
	原告鑑定の比率	固定資産税評価額の比率	裁判所鑑定の比率（鑑定評価額のまま(※)）
建物比率	33.33%	15.10%	18.60%
土地比率	66.67%	84.90%	81.40%
合計	100%	100%	100%

（※）　競売不動産の代金には消費税が加算されていないため、裁判所鑑定の比率算定上、建物鑑定評価額に消費税等を加算せず、鑑定評価額のままの比率としたものと思われます。

（筆者作成）

　また、被告主張の固定資産税評価額の比率に関しては、以下のとおり判示されま

した（下線は筆者）。

> 本件のように、法人税に係る減価償却費の額及び消費税の課税仕入れに係る支払対価の額を計算するために、一括して取得された土地及び建物等の取得価額を按分する方法として、当該資産の客観的な交換価値を上回らない価額と推認される固定資産税評価額による価額比を用いることは、一般的には、その合理性を肯定し得ないものではないが、当該資産の個別事情を考慮した適正な鑑定が行われ、その結果、固定資産税評価額と異なる評価がされた場合には、もはや、固定資産税評価額による価額比を用いて按分する合理性を肯定する根拠は失われ、適正な鑑定に基づく評価額による価額比を用いて按分するのが合理的となるというべきである。

② 売主側の裁判例 （東京地判 R4.6.7 TAINS:Z888-2479）

本件は、不動産賃貸業を営む個人（原告）が、平成 28 年 8 月 19 日付け土地建物売買契約書により一括譲渡した土地建物（商業地域に所在する築 38 年の複合用途の貸ビル及びその敷地）の売却価額（10 億 500 万円）の按分方法について争われた事案です。結論としては、原告からの申出により裁判所が選任した不動産鑑定士による鑑定評価額（以下「裁判所鑑定」といいます）の合理性が認められ、裁判所鑑定の比率により按分するのが合理的と判示されました（【図表 2】参照）。

【図表 2：原告及び被告の主張と裁判所の判断概要】

	原告（納税者）	被告（国・税務署）	裁判所
	裁判所鑑定の比率（鑑定評価額のまま）	固定資産税評価額の比率	裁判所鑑定の比率（建物鑑定評価額に消費税等を加算）
建物比率	22.70%	44.49%	24.08%
土地比率	77.30%	55.51%	75.92%
合計	100%	100%	100%

（筆者作成）

原告は裁判所鑑定の建物鑑定評価額をそのまま用いて比率を算出すべきと主張しましたが、代金総額が、消費税等相当額を含み、土地建物の譲渡の対価の額が区分されていない本件の場合には、代金総額を、建物鑑定評価額にその消費税等相当額を加算した金額と土地鑑定評価額との比率で按分することによって、建物の譲渡に係る消費税の課税標準を算出するのが相当と判示されました。

　また、被告主張の固定資産税評価額の比率に関して、以下のとおり判示されました（下線は筆者）。

　本件のように、消費税の課税標準の額を計算するために、一括して譲渡された土地及び建物の対価の額を按分する方法として、当該資産の客観的な交換価値を上回らない価額と推認される固定資産税評価額による価額比を用いることは、一般的には、その合理性を肯定し得ないものではないが、当該資産の個別事情を考慮した適正な鑑定が行われ、その結果、固定資産税評価額と異なる評価がされ、価額比においても実質的な差異が生じた場合には、もはや固定資産税評価額による価額比を用いて按分する合理性を肯定する根拠は失われ、適正な鑑定に基づく評価額による価額比を用いて按分するのがより合理的となるというべきである。

SECTION 3

鑑定評価額の比率による按分法が認められるための要件

　国税庁ホームページ質疑応答事例（**SECTION 1 3**）及び鑑定評価額の比率が認められた直近の2つの裁判例（**SECTION 2 1 2**）によれば、固定資産税評価額の比率によらず鑑定評価額の比率による按分法が認められるための要件は以下のとおりです。

要件① 譲渡した土地建物の個別事情を考慮した適正な鑑定が行われ、その結果、固定資産税評価額と異なる評価がされたこと

要件② 固定資産税評価額の比率と価額比においても実質的な差異が生じていること

---

1 要件①に関して

　要件①は、国税庁ホームページ質疑応答事例及び2つの裁判例（東京地判 R2.9.1 TAINS:Z270-13444、東京地判 R4.6.7 TAINS:Z888-2479）いずれにおいても示されていることから必ず満たすべき要件といえます。個別事情を考慮した適正な鑑定を行うのは当然不動産鑑定士の役目ですが、鑑定評価額の比率を採用して税務申告や税務判断を行う税理士も鑑定評価のクオリティを高める努力を怠ってはなりません。例えば、鑑定評価額の比率は原価法による積算価格の比率を採用することになるため、収益還元法による収益価格の試算は省略して安価な鑑定報酬で依頼するがケースを目にしますが、直近の2つの裁判例（**SECTION 2 1 2**）における裁判所鑑定では積算価格だけでなく収益価格も試算されています。収益価格を試算することで積算価格の妥当性の検証にもなります。適正な鑑定評価を追求する観点から、収益価格の試算を省略した鑑定依頼は避けるべきでしょう。また、売買価額が高額の場合、按分比率が数%違うだけで内訳価額が大きく異なることになります。必要に応じて複数鑑定を行い鑑定評価額の比率の妥当性を検証するとよいでしょう。

２ 要件②に関して

　要件②は、国税庁ホームページ質疑応答事例及び買主側の裁判例（東京地判R2.9.1 TAINS:Z270-13444）では示されておらず、売主側の裁判例（東京地判 R4.6.7 TAINS:Z888-2479）でのみ示されている要件です。ただし、売主側の裁判例でも鑑定評価額の比率と固定資産税評価額の比率がどの程度乖離していれば実質的な差異が生じているといえるのかについて形式的な判断基準は示されていません。買主側の裁判例では価格比で約 3.5％程度しか乖離していないにもかかわらず、鑑定評価額の比率が合理的と認められていることから、要件②は理論上必須の要件か否か現時点では判断できかねます。

　ただし、実務上は、鑑定評価額の比率と固定資産税評価額の比率がある程度乖離していないと納税者としては鑑定報酬を支払ってまで鑑定評価額の比率を採用することの実益も少ないでしょう。したがって、鑑定評価額の比率を採用するような事案では結果的にある程度の価格比が生じている場合が多いと思われます。

３ 鑑定評価の使いどころの見極め

　相続税申告における財産評価は原則として評価通達によることとされています。評価通達による通達評価額より低い鑑定評価額による相続税申告が認められるためには、評価通達の合理性の欠如、具体的には、財産評価基本通達では考慮しきれない対象不動産に固有の減価要因が存在することが求められます。一方で、一括売買された土地建物の対価を区分する場面においては、固定資産税評価額の比率による按分法が原則であるとする法令・通達等はありません。鑑定評価額の比率による按分法が認められるための要件は先に解説したとおりであり、固定資産税評価額の合理性の欠如、具体的には、譲渡した土地建物の固定資産税評価額に考慮されていない個別事情の存在を指摘することまでは求められていません。

　ただし、買主からの相談の場合、譲渡した土地建物の固定資産税評価額に考慮されていない個別事情が存在しており、鑑定評価でそれを考慮することで、建物比率が高くなる見込みがあるか税理士がある程度見極められないと、そもそも鑑定評価を提案すべきか否かを判断できません。売主からの相談の場合には、譲渡した土地

建物の固定資産税評価額に考慮されていない個別事情が存在しており、鑑定評価でそれを考慮することで、建物比率が下がる見込みがあるかをある程度見極められないとそもそも鑑定評価を提案すべきか否かを判断できません。不動産は個別性の塊であり鑑定評価の提案を検討すべきケースについて網羅的に全て示すことはできませんが、筆者の実務経験等を基に鑑定評価の提案を検討すべきケースの具体例を挙げれば以下のとおりです。

(1) 買主に鑑定評価を提案・検討すべきケース

① 過去に大規模修繕、リフォーム、リノベーションなど多額の資本的支出が実施されているが、家屋の固定資産税評価額にそれが反映されていない場合、鑑定評価を行うことで固定資産税評価額の比率よりも建物比率が高くなる可能性があります。

請求人が一括取得した土地及び建物について各資産の取得価額等を算定するに当たり、建物の価値を増加させると認められる改修工事が行われていた建物及びこれと一括取得した土地については、当該価値の増加が反映されていないと認められる固定資産税評価額の比ではなく、鑑定評価における積算価格比により按分するのが合理的であると判断した裁決例（国税不服審判所 R5.6.21 公表裁決）もあります。

② 一般に土地の固定資産税評価額は公示価格の 7 割水準で評価されているのに対し、家屋の固定資産税評価額は新築時で再建築価額の約 5 割程度と低水準です。したがって、新築又は築浅家屋の場合、鑑定評価をとることで固定資産税評価額の比率よりも建物比率が高くなる可能性があります。このケースで実際に筆者が鑑定評価の依頼を受け、鑑定評価額の比率を採用した事案をSECTION 4 で解説していますので確認してください。

(2) 売主に鑑定評価を提案・検討すべきケース

① 土地の固定資産税評価は原則として筆ごとに一画地として評価されます。ただし、利用状況が同一であれば別筆も含めて一画地として評価されることもあります。複数筆一体で建物や駐車場等の敷地として一体利用されているにもかかわらず、その利用状況が見過ごされ、原則どおり筆ごと評価されている結果、

道路に接していない筆が無道路地として相当低額で評価されてしまっている場合があります。このような場合、鑑定評価を行うことで固定資産税評価額の比率よりも土地比率が高くなる可能性があります。このケースで実際に筆者が鑑定評価の依頼を受け、鑑定評価額の比率を採用した事案を **SECTION 6** で解説していますので確認してください。

② 土地について地積調査が行われた場合、自治体によっては、地積調査後に地積が増える土地に関しては、課税の公平の観点から調査全体が完了するまで旧地積で固定資産税を課税しているところがあります。この場合、先に地積調査が完了した土地は、調査が完了するまでの間、固定資産税評価額が旧地積ベースで過少評価されていますので、鑑定評価を行うことで固定資産税評価額の比率よりも土地比率が高くなる可能性があります。

SECTION 4 　筆者事案

買主からの依頼で鑑定評価額の比率を
採用した事案

Q

　弊社（法人）は、以下物件概要に記載の賃貸アパートとその敷地を一括取得しましたが、売主が個人（免税事業者）であることもあって、売買契約書上、土地建物の内訳が不明です。固定資産税評価額の比率によらず鑑定評価額の比率によることで建物の比率を高めることはできますか。

【物件概要】

所在地：埼玉県某所

土地：地積 348.81㎡

建物：築7年、木造2階建賃貸アパー
　　　ト、延床面積 276.80㎡

建物稼働状況：満室稼働中

売買契約日：令和5年11月○日

売買当事者：売主個人（免税事業者）、
　　　　　　買主法人（弊社）
　　　　　互いに同族関係等にはない第三者関係

売買代金総額：115,000,000円（契約書上土地建物の内訳不明）

固定資産税評価額の比率：土地 59.7%、家屋 40.3%

外観写真（筆者撮影）

A

　ご質問の取得物件の建物は比較的築浅であるため、固定資産税評価額の建物比率よりも鑑定評価の建物比率の方が高くなる可能性はあります。鑑定報酬見積書と合わせて鑑定評価額の比率の概算値を提示してみます。

❶ 鑑定評価の依頼から鑑定評価額の比率の算定まで

　この事案は、買主法人（依頼者）が、一括取得した土地建物の取得価額を按分するに当たり、筆者に鑑定評価の依頼があったものです。回答にも記載のとおり、取得物件の建物は比較的築浅であるため、依頼者から相談があった段階で固定資産税評価額の建物比率よりも鑑定評価の建物比率の方が高くなる可能性はあると見込んでいました。筆者は鑑定評価業務の見積書作成時点で鑑定評価額を概算し、依頼者のニーズに応えられる見込みがあるか否か検討するようにしています。鑑定報酬見積書作成時に概算したところ、当初の見立てどおり、固定資産税評価額の建物比率よりも鑑定評価額（概算）の建物比率の方が高くなったので依頼者に説明の上受注に至りました（【図表1】参照）。

【図表1：固定資産税評価額の比率と鑑定評価額（見積時の概算）の比率】

按分方法	固定資産税評価額の比率	鑑定評価額の比率 (※)
土地比率	59.7%	51.3%
建物比率	40.3%	48.7%
合計	100%	100%

（※）あくまでも概算値であり、正式に鑑定評価した結果との一致は保証されません。

（筆者作成）

　そして、鑑定評価を行った結果が以下のとおりです（【図表2】）。見積時よりも建物比率が高くなったこともあり、依頼者のニーズに応えることができた事案といえます。

【図表2：固定資産税評価額の比率と鑑定評価額（確定）の比率】

按分方法	固定資産税評価額の比率	鑑定評価額の比率（採用）
土地比率	59.7%	47.6%
建物比率	40.3%	52.4%
合計	100%	100%

（筆者作成）

② 固定資産税評価額の建物比率よりも鑑定評価額の建物比率が高く出た要因

　この事案では、固定資産税評価額の建物比率よりも鑑定評価額の建物比率が約12％高くなりました。その要因としては、回答に記載のとおり築浅の建物であることに加え、売買時点現在、主に以下のような複数の要因により、建築費水準の上昇が続いていますが（【図表3】参照）、固定資産税評価額の査定上こうした建築費水準の上昇が、タイムリーに、十分に反映されていないことが考えられます。特に建築費水準の上昇は執筆日現在（令和6年中）も継続していますので、築浅物件を取得した際には鑑定評価額の比率を検討するとよいかと思われます。

＜建築費水準の上昇要因＞

・建築資材の上昇

・人件費の上昇（人手不足、若手不足）

・ゼネコンのコスト吸収も限界で価格転嫁

・働き方改革による建築費上昇（工期が伸び建築費アップ）

・ウクライナ・ロシア戦争による資材・エネルギーコストアップ

・建設需要が供給可能な工事量を上回ることで、ゼネコン有利の状態が継続

【図表3：木造建築費水準の推移】

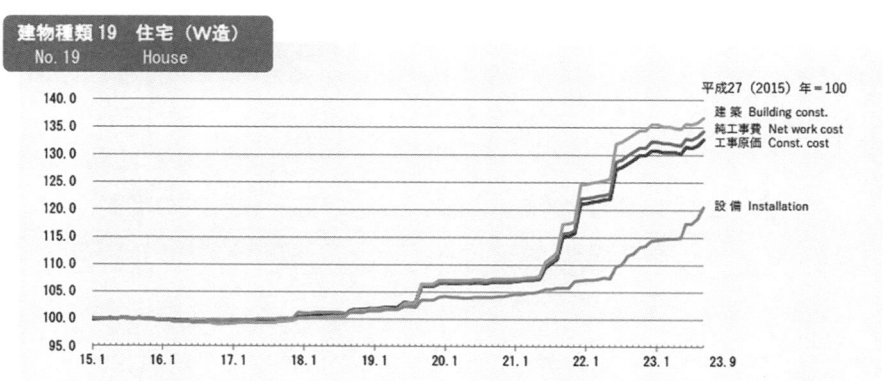

（出典：建設物価調査会 総合研究所「建築費指数（2023年9月分）」（2023年10月11日））

買主からの依頼で鑑定評価額の比率を検討したものの受注に至らなかった事案

Q

　弊社（法人）は、以下物件概要に記載の賃貸アパートとその敷地の取得を検討しています。売主個人（免税事業者）からは、土地建物の内訳は買主である弊社が決定してよいといわれています。仲介業者からは固定資産税評価額の比率で按分して内訳価額を売買契約書に明記するのでよいか確認の連絡がきているのですが、固定資産税評価額の比率によらず鑑定評価額の比率によることで建物の比率を高めることはできますか。

【物件概要】

所在地：埼玉県某所

土地：地積 115.78㎡

建物：築 3 年以内、軽量鉄骨造 2 階建賃貸アパート、延床面積 126.29㎡

建物稼働状況：3 室稼働中、1 室空室（募集中）

売買契約日：令和 3 年 12 月頃を予定

売買当事者：売主個人（免税事業者）、買主法人（弊社）

　　　　　　互いに同族関係等にはない第三者関係

売買代金総額：79,800,000 円

固定資産税評価額の比率：土地 60.0%、家屋 40.0%

A

　ご質問の取得予定物件の建物は築浅であるため、固定資産税評価額の建物比率よりも鑑定評価の建物比率の方が高くなる可能性はあります。鑑定報酬見積書と合わせて鑑定評価額の比率の概算値を提示してみます。

1 鑑定評価の依頼から鑑定評価額の比率の算定まで

　この事案は、買主法人（依頼者）が、取得を検討している土地建物の取得価額を按分して売買契約書に明記するに当たり、筆者に鑑定評価の依頼があったものです。回答にも記載のとおり、取得物件の建物は築3年以内と築浅であるため、依頼者から相談があった段階で固定資産税評価額の建物比率よりも鑑定評価の建物比率の方が高くなる可能性はあると見込んでいました。筆者は鑑定評価業務の見積書作成時点で鑑定評価額を概算し、依頼者のニーズに応えられる見込みがあるか否か検討するようにしています。鑑定報酬見積書作成時に概算したところ、当初の見立てどおり、固定資産税評価額の建物比率よりも鑑定評価額（概算）の建物比率の方が高くなりました（【図表1】参照）。しかし、鑑定評価の受注には至りませんでした。

【図表1：固定資産税評価額の比率と鑑定評価額（見積時の概算）の比率】

按分方法	固定資産税評価額の比率	鑑定評価額の比率 (※)
土地比率	60.0%	54.7%
建物比率	40.0%	45.3%
合計	100%	100%

（※）あくまでも概算値であり、正式に鑑定評価した結果との一致は保証されません。

（筆者作成）

2 受注に至らなかった要因

　この事案では、固定資産税評価額の建物比率（40.0％）と鑑定評価額の建物比率（45.3％）の差が5.3％と小さく、かつ、売買代金総額も7千万円台と収益物件としては小ぶりであったこともあり、鑑定報酬を負担してまで鑑定評価を行うメリットが薄いと依頼者が判断したことで鑑定評価の受注には至りませんでした。

SECTION 6　筆者事案

売主からの依頼で鑑定評価額の比率による
消費税更正の請求を行った事案

Q

　弊社（法人）は、以下物件概要に記載の賃貸マンションとその敷地を一括譲渡しました。売買契約書上、土地建物の内訳が不明のため、合理的な比率で按分する必要がありますが、固定資産税評価額の比率で按分すべきところ、誤って固定資産税課税標準額の比率で按分して消費税確定申告をしてしまいました。住宅地の課税標準額の特例により評価減されている土地の固定資産税課税標準額を用いた比率で按分したため、建物の比率が過大、すなわち課税売上が過大となっていますので、更正の請求を検討しています。更正の請求に当たっては、固定資産税評価額の比率の他、鑑定評価額の比率を採用することも可能なのでしょうか。

【物件概要】

所在地：埼玉県某所

土地：地積 1,486.00㎡（3 筆合計）

建物：築 31 年、鉄筋コンクリート
　　　造陸屋根 5 階建・賃貸マンション、延床面積 1,760.98㎡

建物稼働状況：満室稼働中（一部弊
　　　　　　　社代表取締役が自己
　　　　　　　利用）

外観写真（筆者撮影）

売買契約日：令和 5 年 8 月 ○ 日

売買当事者：売主法人（課税事業者）、買主法人（課税事業者）
　　　　　　互いに同族関係等にはない第三者関係

売買代金総額：201,500,000 円（契約書上土地建物の内訳不明）

　本件不動産の売却代金の決定に当たっては一般公開せず、仲介業者主導でク

ローズドに複数の買手候補からの入札方式を採用し、一番高値を付けてきた買手候補と契約しました。買手候補の入札価格はいずれも土地建物の内訳不明でした。

固定資産税評価額の比率：土地47.1%、家屋52.9%

固定資産税課税標準額の比率：土地24.32%、家屋75.68%（当初申告）

　　譲渡した土地建物の個別事情を考慮した適正な鑑定が行われ、その結果、固定資産税評価額の建物比率よりも鑑定評価額の建物比率が低くなる場合には、鑑定評価額の比率による按分法の方が固定資産税評価額の比率による按分法よりも妥当、かつ、有利ですのでその採用を検討すべきです。鑑定報酬見積書と合わせて鑑定評価額の比率の概算値を提示してみます。

1　鑑定評価の依頼から鑑定評価額の比率の算定まで

　　この事案は、買主法人（依頼者）から筆者に相談があったものです。固定資産税評価額の比率による消費税の更正の請求であれば間違いなく認められますが、相談としては鑑定評価額の比率も検討したいとのことでした。そこで、筆者としては、鑑定報酬見積書作成段階で、固定資産税評価額の分析及び鑑定評価額の比率の概算を行いました。

(1)　固定資産税評価額の分析

　　土地の固定資産税評価は原則として筆ごとに一画地として評価されます。ただし、利用状況が同一であれば別筆も含めて一画地として評価されることもあります。

　　この事案では土地3筆一体として賃貸マンション及びその入居者専用駐車場として利用されているにもかかわらず、その利用状況が見過ごされ、土地（1289-2）1画地で無道路地として他の2筆に比べて相当低額に評価されていました（【図表1、2】）。したがって、固定資産税評価額の比率ではあるべき時価の比率よりも土地の比率が低い（建物の比率が高い）ため、鑑定評価額の比率の方が建物の比率が高く

なる可能性があるとこの時点で当たりが付きました。

【図表1：公図（太枠が譲渡した土地3筆）】

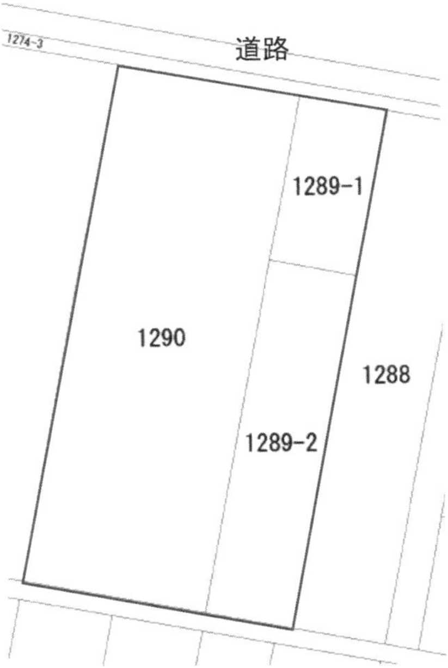

(筆者作成)

【図表2：譲渡した土地3筆の固定資産税評価額】

所在地番	課税地目	課税地積	固定資産税評価額	
			総額	単価
土地（1289-1）	雑種地	165.00㎡	14,569,500円	88,300円/㎡
土地（1289-2）	雑種地	330.00㎡	11,583,000円	35,100円/㎡
土地（1290）	宅地	991.00㎡	71,579,930円	72,230円/㎡

(筆者作成)

(2) 鑑定評価額の比率

　鑑定報酬見積書作成時に概算したところ、見立てどおり、固定資産税評価額の建物比率よりも鑑定評価額（概算）の建物比率の方が高くなったので依頼者に説明の上受注に至りました（**【図表3】**参照）。

【図表3：固定資産税評価額の比率と鑑定評価額（見積時の概算）の比率】

按分方法	固定資産税評価額の比率	鑑定評価額の比率 (※)
土地比率（3筆合計）	47.1%	62.7%
建物比率	52.9%	37.3%
合計	100.0%	100.0%

（※）あくまでも概算値であり、正式に鑑定評価した結果との一致は保証されません。

（筆者作成）

そして、鑑定評価を行った結果が以下のとおりです（【図表2】）。固定資産税評価額の比率よりも建物比率が18.1%低くなり、依頼者のニーズに応えることができた事案といえます。

【図表4：固定資産税評価額の比率と鑑定評価額（確定）の比率】

按分方法	固定資産税評価額の比率	鑑定評価額の比率（採用）
土地比率	47.1%	65.2%
建物比率	52.9%	34.8%
合計	100%	100%

（筆者作成）

2 消費税の更正の請求

この事案では、上記鑑定評価額の比率をもって消費税の更正の請求を行い、無事に消費税約700万円の還付を受けています。なお、消費税の更正の請求に伴い、法人税は修正申告となりましたが、当該不動産売却により多額の売却損が生じて欠損となっていたため、法人税の追加納税は発生しませんでした。ここでは、更正の請求に当たって税務署に提出した説明文を紹介します。

████税務署長　殿

　　　　　　　　　　　　　納税者：████████████

　　　　　　　　　税理士・不動産鑑定士：井上幹康

令和5年██月期 消費税の更正の請求に関する説明文

1. 当初申告における計算誤りの概要

　　納税者は、████████████に所在の土地建物を令和5年██月期中に売却・引渡し完了しました。（添付書類(1)参照）。当該不動産売買契約書上、売買価額について土地建物の内訳が区分されていないため、納税者は令和5年度の土地建物の固定資産税課税標準額の比率で土地（非課税売上）と建物（課税売上）に区分して会計処理し、消費税確定申告を行いました（添付書類(2)参照）。

　　売買価額について土地建物の内訳が区分されていない場合の区分方法としては、消費税法施行令45条3項のとおり、土地建物の時価の比率により合理的に区分すべきところ、住宅地の課税標準額の特例により評価減されている土地の固定資産税課税標準額を用いた比率で区分したため、建物の比率が過大、すなわち課税売上が過大となっております。

2. 更正の請求の内容説明

(1) 更正の請求で採用した区分方法

　　本件更正の請求では、国税庁ホームページ質疑応答事例（添付書類(3)）及び令和4年6月7日東京地判 TAINS:Z888-2479（添付書類(4)）を踏まえ、不動産鑑定評価書（添付書類(5)）における鑑定評価額の比率による区分方法を採用しております。

(2) 根拠

　　令和4年6月7日東京地判（添付書類(4)）によれば、「本件のように、消費税の課税標準の額を計算するために、一括して譲渡された土地及び建物の

対価の額を按分する方法として、当該資産の客観的な交換価値を上回らない価額と推認される固定資産税評価額による価額比を用いることは、一般的には、その合理性を肯定し得ないものではないが、当該資産の個別事情を考慮した適正な鑑定が行われ、その結果、固定資産税評価額と異なる評価がされ、価額比においても実質的な差異が生じた場合には、もはや固定資産税評価額による価額比を用いて按分する合理性を肯定する根拠は失われ、適正な鑑定に基づく評価額による価額比を用いて按分するのがより合理的となるというべきである。」と判示されています。

　不動産鑑定評価書（添付書類(5)）は、納税者及び当初申告を行った税理士と利害関係のない不動産鑑定士である弊職が、公正かつ中立な立場から実施したものであり、対象不動産の個別事情を考慮した適正な鑑定として行われています。その結果、下表のとおり、固定資産税評価額と鑑定評価額の価格比において相当な乖離が生じており、消費税の課税標準を算出するに当たって実質的な差異が生じています。したがって、本件では固定資産税評価額の比率ではなく、鑑定評価額の比率により区分するのが合理的と考えます。

固定資産税評価額の比率

区分	令和 5 年度評価額	比率
土地 （1289-1）	14,569,500	
土地 （1289-2）	11,583,000	47.1%
土地 （1290）	71,579,930	
建物	109,756,792	52.9%
合計	207,489,222	100.0%

鑑定評価額の比率

区分	積算価格 （税込）（※）	比率
土地 （3 筆合計）	146,700,000	65.2%
建物	78,430,000	34.8%
合計	225,130,000	100.0%

（※）添付書類(5)不動産鑑定評価書 26 頁参照

(3) 付言事項（固定資産税評価額の比率による按分法について）

　土地の固定資産税評価は原則として筆ごとに一画地として評価されます。ただし、利用状況が同一であれば別筆も含めて一画地として評価されることもあります。本件では土地3筆一体として賃貸マンション及びその入居者専用駐車場として利用されているにもかかわらず、その利用状況が見過ごされ、土地（1289-2）1画地で無道路地として相当低額に評価されていると考えられます（下表の単価欄参照）。

　土地3筆一体として賃貸マンション及びその入居者専用駐車場として利用されている事情、及び、3筆一体で売却対象とされている事情が、土地の固定資産税評価額に考慮されておらず、固定資産税評価額の比率による按分法は合理性が認められないと判断しました。

本件土地の固定資産税評価額（総額と単価）

所在地番	課税地目	課税地積	固定資産税評価額	
			総額	単価
土地（1289-1）	雑種地	165.00㎡	14,569,500 円	88,300 円/㎡
土地（1289-2）	雑種地	330.00㎡	11,583,000 円	35,100 円/㎡
土地（1290）	宅地	991.00㎡	71,579,930 円	72,230 円/㎡

3. 更正の請求による当初申告からの増減

当初申告

項目	税込金額	課税売上（税込）	非課税売上	対象外
売買価額	201,500,000	152,495,200	49,004,800	
固都税清算金	666,092			666,092
合計①	202,166,092	152,495,200	49,004,800	666,092

更正の請求

項目	税込金額	課税売上 （税込）	非課税売上	対象外
売買価額	201,500,000	70,122,000	131,378,000	
固都税清算金	666,092	528,576	137,516	
合計②	202,166,092	70,650,576	131,515,516	0
更正の請求による 当初申告からの増減②−①		▲ 81,844,624	82,510,716	

（注）固定資産税清算金について、当初申告では租税公課のマイナス（対象外）で
　　　処理されていますが、正しくは課税売上と非課税売上に区分する必要があり
　　　ます。今回の更正の請求に合わせて、添付資料(1)の固定資産税・都市計画税
　　　清算書の記載通りに区分して計上しております。

4．添付書類

(1)　不動産売買契約関係資料

(2)　会計処理、消費税確定申告関連資料

　　　－1　仕訳日記帳、対価の按分比率計算根拠

　　　－2　元帳

　　　－3　消費税精算表等

　　　－4　消費税確定申告書（当初申告）

(3)　国税庁ホームページ質疑応答事例

(4)　令和4年6月7日東京地判 TAINS:Z888-2479

(5)　不動産鑑定評価書

(6)　更正の請求書作成用に作成した消費税申告書

　　　　　　　　　　　　　　　　　　　　　　　　　　　　　　以上

建物法人化スキームにおける
鑑定評価の使いどころ

SECTION 1
建物法人化スキームとは

　建物法人化スキームとは、法人を活用した収益物件オーナーの所得税節税手法の1つです。建物法人化スキームにおける鑑定評価の使いどころとしては、①建物の売買価額を決定する場面、②地代を検討する場面、③土地の売買価額を決定する場面などが挙げられます。

1　建物法人化スキームの概要と長所

　個人に対する税率は所得税住民税合わせて最高55％ですが、法人に対する税率は実効税率で30％台です。この税率差異に着目して、同族会社を活用した収益物件オーナーの所得税節税手法として、大きく以下3つの方式があります（【図表1】）。

【図表1：同族会社を活用した所得税節税手法】

3つの方式	概要	法人への所得移転効果
管理方式	同族会社に収益物件の管理のみ委託する方法	家賃収入の3〜5%程度
転貸方式	収益物件を同族会社に賃貸し、同族会社が入居者に転貸する方法（通称：サブリース方式）	家賃差額（※）＝入居者からの家賃収入 − オーナー個人への支払家賃 （※）多くても入居者からの家賃収入の20%程度（Column 2 参照）
所有方式	収益物件を同族会社に売却する方法　買取資金、譲渡所得税を考慮して建物のみ売却することが多い（通称：建物法人化スキーム）	家賃収入の全額

（筆者作成）

　3つの方式の中で同族会社への所得移転効果が最も高いのが所有方式です。家賃収入を同族会社に移転するだけであれば建物のみ法人に移転すればよく、同族会社の買取資金調達の問題、売主個人の譲渡所得税等の負担を考慮して土地は移転せず建物のみ売却することが実務上多いです。したがって、建物法人化スキームと呼ば

れています。建物法人化スキームは、法人への所得移転効果が他の方式に比べて最も大きいということ以外に以下のようなメリットもあります。

(1) 所得分散効果

　後継者など親族を法人の役員とすることで役員報酬の支払が可能となり所得分散による節税効果が期待できます。ただし、当然役員としての実態は必要です。役員報酬の支払による法人の社会保険料等の負担増にも注意する必要があります。

(2) 不動産オーナーの認知症対策

　収益物件を個人が所有したまま認知症になると不動産賃貸業の継続が困難となりますが、法人化した場合、取締役会の決議で代表取締役の選任・解任が可能となり（会社法362②三）、事業継続の問題をクリアできます。

(3) 後継者へ株式の生前贈与が可能

　株式の場合1株ずつ贈与可能です。不動産の持分贈与と異なり登記費用等がかかりません。不動産の時価はコントロールできませんが、法人の株価であれば不動産の時価に比べコントロールしやすく、株価対策を行った上での生前贈与が可能となります。

2 建物法人化スキームの留意点

　例えば、推定相続人が複数人いる場合、1つの法人に複数の収益物件を全て売却（集約）してしまうと、株式を誰に贈与するか、相続させるかが問題となります。株式を特定の相続人に贈与してしまうと、株式を取得していない相続人からの遺留分侵害額請求なども考えられます。また、株式を相続人に平等に贈与してしまうと、法人を通じて不動産を共有しているのと同様の状況になり、将来法人の支配権争いになる可能性があります。これら争いを避けるために、推定相続人の数だけ法人を設立し、各法人に収益物件を売却（移転）している例も見受けられます。ただし、法人の数が増えるほど税理士報酬等、維持コストも増加しますので本当に法人化すべきかどうか慎重に検討する必要があります。

3 鑑定評価の使いどころ

(1) 建物の売買価額を決定する場面

　建物法人化スキームにおいては、建物をいくらで法人に売却するか、売買価額を決定する必要があります。実務上、建物売却と同時に地主個人・借地人法人間で土地賃貸借契約書（又は使用貸借契約書）を締結し、借地権の認定課税を回避するために、土地の無償返還に関する届出書（以下「無償返還届出書」といいます）を提出するため、借地権価額は考慮せず、建物価額だけで売買されています。仮に売買価額が時価よりも低額と認められる場合、低額譲渡に基因する課税リスクが生じます（【図表2】参照）。

【図表2：低額譲渡における課税リスク（個人→法人）】

	売主個人	買主法人	買主の同族株主
時価 ↑	時価の2分の1以上でも、同族会社の行為計算否認リスクあり（所法157、所基通59-3）	受贈益課税（法法22②）時価－譲渡価額＝受贈益	同族会社の場合、株価増加額に対して、売主個人から他の同族株主に対するみなし贈与税のリスクあり（相法9、相基通9-2）
時価の2分の1未満（所法59①）↓	みなし譲渡課税（所法59①二）時価で譲渡したとみなす		

（筆者作成）

　実務上、建物の譲渡時価の算出方法としては、以下のような方法があります。それぞれ長所・短所がありますが、収益物件としての収益性を反映できるのは③不動産鑑定評価額だけになります。

① 簿価

長所	✔ 手間と費用がかからない。
短所	✔ 当初の取得価額や減価償却費の計算ミスがあると使えない。 ✔ 建築時と現時点で建築費水準が異なる場合には説得力が落ちる。特に昨今ウッドショックの影響で、建築資材の価格水準は軒並み上昇している。 ✔ 不動産の市場性、収益性を反映できない。

長所	✔ 手間と費用がかからない。 ✔ 固定資産評価基準によるため評価者の恣意性が介入しない。
短所	✔ 新築時の固定資産評価額は実際建築費の約60%～50%前後とかなり低水準であり、新築物件や築浅物件ほど、過小評価リスクあり（固評＜時価）。 ✔ 資本的支出（特に床面積の増加しないもの）が反映されていないため、過小評価リスクあり（固評＜時価）。 ✔ 償却資産（特に外構工事、駐車場設備）が含まれていないため、過小評価リスクあり（固評＜時価）。 ✔ 不動産の市場性・収益性を反映できない。 ✔ 築古物件につき、最終残価率20%問題あり。

③ 不動産鑑定評価額

長所	✔ 収益物件としての収益性を反映した収益価格が唯一把握できる。 ✔ 税務調査対策としてエビデンス（不動産鑑定評価書）が残る。
短所	✔ 鑑定費用がかかる。 ✔ この点、税務署提出用の鑑定評価は高いクオリティが求められるため、鑑定費用を出し惜しみせず、鑑定評価基準に則らない価格等調査業務（簡易鑑定等）として依頼しないことが重要である。 ✔ 不動産鑑定士の恣意性介入の余地がある。 ✔ この点、あらかじめ決めた価格ありきの鑑定評価依頼等，依頼者プレッシャーを不動産鑑定士にかけないことが重要である。

　巷の建物法人化スキーム提案書では簿価を売買価額としたものが多いですが、鑑定評価を行うことで低額譲渡の課税リスク対策だけでなく、様々なメリットが得られることがあります。本章では実際に税理士から筆者に相談があり、建物の売買価額として鑑定評価額を採用した事案を紹介します。詳細は **SECTION 3 ～ 7** を確認してください。

(2) 地代を検討する場面

　建物売却と同時に地主個人・借地人法人間で土地賃貸借契約書を締結する際に、地代をいくらにするか決定する必要があります。筆者は建物の鑑定評価を依頼される際に地代の相談も合わせていただくことが多いです。本章では税理士から筆者に相談があり、地代決定のサポートをした事案を紹介します。詳細は **SECTION 10, 11** を確認してください。

(3) 土地の売買価額を決定する場面

　筆者は、建物を法人に移転した後に土地も法人に移転したいがいつがよいか、またその際はいくらで売却したらよいかと相談をいただくことがあります。詳細はSECTION 12 を確認してください。

COLUMN 2

同族会社を用いたサブリース方式の家賃設定

(1) サブリース方式の概要と税務リスク

　個人に対する税率は所得税住民税合わせて最高 55％ですが、法人に対する税率は実効税率で 30％台です。この税率差異に着目して、同族会社を活用した収益物件オーナーの所得税節税手法の 1 つに、収益物件を同族会社に賃貸し、同族会社が入居者に転貸する方法（通称：サブリース方式）があります。このサブリース方式で税務上問題になるのが、同族会社がオーナー個人に支払う家賃設定です。同族会社がオーナー個人に支払う家賃を低くすればするほど同族会社に家賃差額（入居者からの家賃収入－オーナー個人への支払家賃）が帰属できますが、適正家賃を大きく下回る場合、同族会社の行為計算否認リスク（所法 157）があります。そこで、適正家賃として、入居者からの家賃収入（転貸料）の何％程度が妥当なのかといった論点があります（【図表 1】）。

【図表 1：サブリース方式の概要と税務リスク】

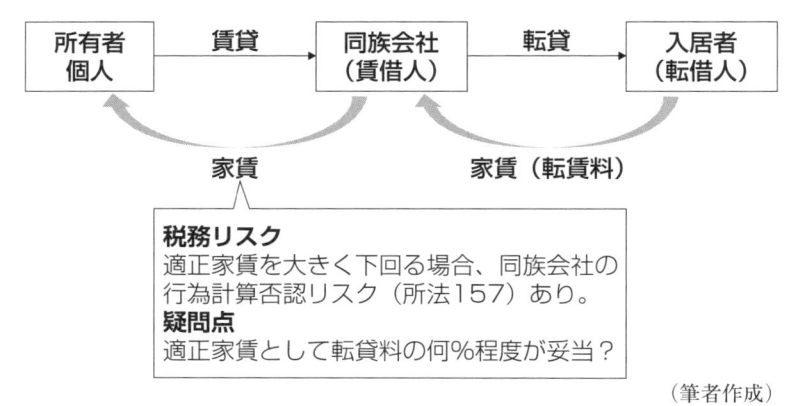

（筆者作成）

⑵ **過去の裁決例・裁判例から見る適正家賃の水準**

　過去の裁決例・裁判例を紐解くと、同族会社がオーナー個人に支払う家賃として転貸料の約 40 〜 50%としていた事案で、同族会社の行為計算否認（所法157）が適用され、適正家賃として転貸料の約 80 〜 90%に引き直してオーナー個人の所得税が課税されているものがあります（【図表 2】）。これを踏まえると、適正家賃の水準は、転貸料の約 80 〜 90%と考えられますが、事案が古いので今現在もこの水準なのか検討する必要があります。

【図表 2：同族会社を用いたサブリース方式に関する裁決例・裁判例】

裁決・裁判例	実際家賃	適正家賃
平成 8 年 9 月 20 日千葉地裁 TAINS：Z220−7778	転貸料×約 44%	転貸料×約 81%
平成 12 年 1 月 31 日公開裁決 TAINS：J59−2−11	転貸料×約 54%	転貸料×約 91%
平成 13 年 1 月 30 日東京地判 TAINS：Z250−8828	転貸料×約 42%	転貸料×約 90%

（筆者作成）

⑶ **令和時代の適正家賃の水準**

　令和に入ってサブリース業者に対して行われたアンケート調査（国土交通省、及び、公益財団法人 日本住宅総合センター）より、サブリース業者がオーナーに支払う家賃水準に関する部分を引用すると以下のとおりです。これらアンケート調査結果を踏まえると、令和時代においても適正家賃の水準は、転貸料の約 80 〜 90%と考えられます。

Q51：月額家賃に対する家賃保証率の水準

　サブリース物件の月額家賃に対する家賃保証率の水準については、「85% 〜 90% 未満」（24.2%）、「90% 〜 95% 未満」（24.0%）がそれぞれ 2 割強であり、全体では 85%以上の家賃保証が最も多いとする業者が 6 割程度を占めている。

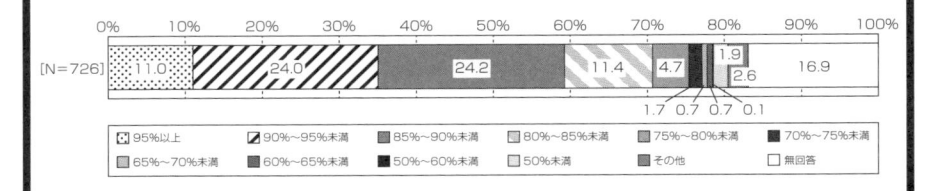

(出典：国土交通省ホームページ「賃貸住宅管理業務に関するアンケート調査」
（https://www.mlit.go.jp/totikensangyo/const/sosei_const_tk3_000163.html））

【サブリース等の場合】

Q30) 経営者（オーナー）が受け取る家賃額は、管理者が受け取る家賃額の何%くらいですか。

最大は96%、最小は10%で、平均して80.43%となっている。

(出典：公益財団法人日本住宅総合センターホームページ「民間賃貸住宅の供給実態調査
　　　―供給主体やサブリース事業者の関与などを中心に―報告書（令和元年6月）」
　　　（https://www.hrf.or.jp/webreport/pdf-report/pdf-report_03.html））

SECTION 2
建物法人化スキームにおける建物の鑑定評価の概要

　建物法人化スキームにおける建物の鑑定評価は、まず、貸家及びその敷地としての鑑定評価額を決定します。次に、貸家及びその敷地の鑑定評価額の内訳価格として建物の鑑定評価額を算出します。

１　価格の三面性と鑑定評価手法

　不動産の鑑定評価手法は、価格の三面性（費用性、市場性、収益性）に応じて大きく３つあり、各手法で算出される価格は鑑定評価額に至る途中段階の価格のため試算価格と呼ばれます。各試算価格は不動産の価格に異なる側面からアプローチしているだけで、理論上は一致するはずですが、実務上は各手法適用に当たって入手し得る資料・情報等に差があり、一致しない場合が多いです。複数の手法を適用して複数の試算価格を求め、対象不動産の典型的な需要者（買手）の視点に立ち、各試算価格のうちどれをどれだけ重視するかの判断を行い、鑑定評価額を決定します（【図表１】参照）。

【図表１：不動産の価格の三面性と鑑定評価手法との関係】

価格

費用性　コストアプローチ
それにどれほどの費用が投じられたものか

市場性　マーケットアプローチ
それがどれほどの価格で市場で取引されているものか

収益性　インカムアプローチ
それを利用することでどれほどの収益が得られるものか

価格の三面性	鑑定評価手法	各手法による試算価格
費用性	原価法	積算価格＝再調達原価－減価修正 ✔ 土地建物それぞれ査定して合算するため内訳比率が分かる。
市場性	取引事例比較法	比準価格＝複数の取引事例×補修正
収益性	収益還元法	収益価格＝純収益／還元利回り ✔ 直接還元法の算式。ほかにDCF法がある。 ✔ 土地建物合計の価額であり内訳は不明。

不動産鑑定士が、対象不動産の典型的な需要者（買手）の視点に立ち、各試算価格を調整して鑑定評価額を1つ決定する。

（筆者作成）

２ 建物の鑑定評価手法

　不動産鑑定評価基準上、建物の鑑定評価方法に関しては以下のとおり定められています。

　建物は、その敷地と結合して有機的に効用を発揮するものであり、建物とその敷地とは密接に関連しており、両者は一体として鑑定評価の対象とされるのが通例であるが、鑑定評価の依頼目的及び条件により、建物及びその敷地が一体として市場性を有する場合における建物のみの鑑定評価又は建物及びその敷地が一体として市場性を有しない場合における建物のみの鑑定評価がある。

Ⅰ　建物及びその敷地が一体として市場性を有する場合における建物のみの鑑定評価

　この場合の建物の鑑定評価は、その敷地と一体化している状態を前提として、その全体の鑑定評価額の内訳として建物について部分鑑定評価を行うものである。

　この場合における建物の鑑定評価額は、積算価格を標準とし、配分法に基づく比準価格及び建物残余法による収益価格を比較考量して決定するものとする。

　ただし、複合不動産価格をもとに建物に帰属する額を配分して求めた価格を標準として決定することもできる。

Ⅱ　建物及びその敷地が一体として市場性を有しない場合における建物のみの鑑定評価

　　（省略）

（出典：不動産鑑定評価基準　各論第1章　第三節　建物（下線、波線は筆者））

　建物法人化スキームで法人に移転する建物は稼働中の収益物件であり市場で売買の対象になるもの（市場性を有するもの）ですので、「建物及びその敷地が一体として市場性を有する場合における建物のみの鑑定評価」の方法を適用することになります。具体的な鑑定評価方法としては、2つの方法（下線と波線）が定められています。筆者としては、土地建物全体の価格（複合不動産価格）を明示した上で建物の鑑定評価額を算出する方が依頼者に説明しやすく、依頼者にとっても理解しやすいこともあり、波線の方法を採用することが多いです。

　波線の方法では、まず、原価法と収益還元法の2手法を適用して貸家及びその敷地としての鑑定評価額を決定します。収益物件の場合、典型的な需要者（買手）の視点から収益価格重視で鑑定評価額が決定される場合が多いです。ちなみに、取引事例比較法は、収益物件として類似性の認められる取引事例の収集が困難なため適用できない場合が多いです。次に、貸家及びその敷地の鑑定評価額の内訳価格として建物の鑑定評価額を算出します。具体的には、貸家及びその敷地の鑑定評価額に原価法による積算価格の建物比率を乗じて建物の鑑定評価額を算出します（【図表2】参照）。

【図表２：収益物件である建物の鑑定評価額の算出過程イメージ】

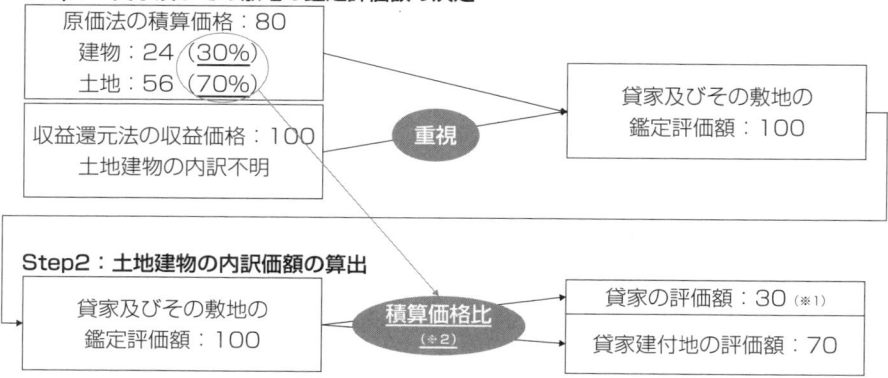

Step1：貸家及びその敷地の鑑定評価額の決定

- 原価法の積算価格：80
  - 建物：24（30%）
  - 土地：56（70%）
- 収益還元法の収益価格：100
  - 土地建物の内訳不明

重視 →

貸家及びその敷地の鑑定評価額：100

Step2：土地建物の内訳価額の算出

貸家及びその敷地の鑑定評価額：100

積算価格比 （※2）

貸家の評価額：30 （※1）

貸家建付地の評価額：70

（※１）建物の鑑定評価額には消費税等は含まれていない。また、現在入居者から預り中の敷金返還債務が買主に引き継がれるため（民法 605 の 2④、605 の 3 後段）、代金決済額は、鑑定評価額から敷金を控除した額とすることが妥当である。

（※２）実務上、積算価格比による場合が多いが、不動産鑑定評価基準上、以下限度額比による方法もある（**【図表 3】**）。

（筆者作成）

【図表３：不動産鑑定評価基準における割合法の計算式】

【積算価格比による査定式】

- P ：建物及びその敷地の価格
- P_L：原価法における土地価格
- P_B：原価法における建物価格

$$\text{建物の価格} \quad = \quad P \quad \times \quad \frac{P_B}{P_L + P_B}$$

【限度額比による査定式】

$$\text{建物の価格} \quad = \quad P_B \quad + \quad \frac{(P - P_L)}{(P - P_L) + (P - P_B)} \times \{P - (P_L + P_B)\}$$

（出典：（公社）日本不動産鑑定士協会連合会編「要説不動産鑑定評価基準と価格等調査ガイドライン」（2016 年、（株）住宅新報社）323 頁）

SECTION 3 筆者事案

地方都市所在の簿価1円の築古貸倉庫兼事務所の法人化の事案

Q

　私（顧問税理士）の個人クライアントのところに、某保険会社の担当者と某税理士が以下物件概要に記載の建物法人化スキームの提案を持ち掛けてきました。提案書によれば、建物の売買価額は簿価1円とされています。法人は資本金数百万円で新設する予定で、建物買取資金はできるだけ低く抑えたいのですが、簿価1円はさすがに低すぎないでしょうか。固定資産税評価額にした方がよいでしょうか。それとも鑑定評価を行うべきでしょうか。

【物件概要】
・群馬県太田市某所
・貸倉庫兼事務所（築45年、S造1階建て、延床面積580㎡）
・建物賃借人：法人1社（個人甲とは同族関係なし）
・現家賃収入：385,000円/月（税込）
・預り敷金：350,000円
・売買検討中に建物賃貸借契約の
　3年更新あり
・建物の簿価：1円
・建物の固定資産税評価額：
　480万円（最終残価率20％）

外観写真（筆者撮影）

A

　法人化予定の建物は家賃385,000円/月で現に賃貸中であり、かつ、

契約更新により3年間は家賃収入が継続する見込みであることを踏まえると、ご理解のとおり、簿価1円では低すぎます。低額譲渡による課税リスクがあります。

　一方で固定資産税評価額ですが、費用性に着目した価額であり、貸家としての収益性を反映していません。また、最終残価率20%に達しておりこれ以上下がらない状況です。この最終残価率20%は、家屋が家屋として所有されている以上、最小使用価値として20%は存するとの考えに基づくものであり、第三者への売却を前提とした市場価値、処分価値と必ずしも一致するものではありません。

　以上を踏まえると、売買価額の決定に当たっては収益性を反映できる鑑定評価をとるのが望ましいでしょう。

1 家屋の固定資産税評価額の最終残価率20%の意義

　家屋の固定資産税評価額は新築時に一度評価されてその後は3年ごとの評価替えで経年減点補正等がなされて評価額が減少していきますが、一定年数を経過しても評価額はゼロにはならず、最終残価率20%が最小使用価値として残る仕組みになっています。この最終残率20%の意義は以下のとおり最小使用価値とされており、第三者への売却を前提とした市場価値、処分価値と必ずしも一致するものではありません。

　被控訴人は、評価基準が鉄筋コンクリート造店舗につき毎年1.6%ずつ50年にわたって減価し、50年経過後の残価率を20%としていることについて、これは減価償却においては同種建物の法定耐用年数が39年とされている現在の社会情勢にそぐわない旨主張する。しかしながら、税法上の減価償却制度は、企業の資産償却を損金として処理することを認めるためのものである。他方、評価基準は、一定の経過年数を超えた後の家屋の最終残価率を20%としているが、これは家屋の財産的価値の評価をその物的価値と使用価値の両者に着目して行い、家屋が家屋として所有されている以上、最小使用価値として20%は存するとの

考えに基づくものであって、税法上の減価償却制度とは異なる観点から家屋の価値を評価するものであり、減価償却における法定耐用年数と異なることをもって、評価基準の経過年数に応ずる減点補正が不合理であるということはできない。

（出典：仙台高判 平成 17 年 8 月 25 日（下線は筆者））

2 鑑定評価の依頼から建物売買価額の決定まで

この事案では、筆者から顧問税理士及びクライアントに上記回答を説明し、鑑定評価の受注に至りました。筆者が鑑定評価を行った結果は以下のとおりです（【図表 1】）。

＜建物売却価額の検討結果＞
① 簿価：1 円（不採用）
② 固定資産税評価額：480 万円（不採用）
③ 不動産鑑定評価額：262 万円（採用）

【図表 1：本事例の建物売買価額の 3 つの候補】

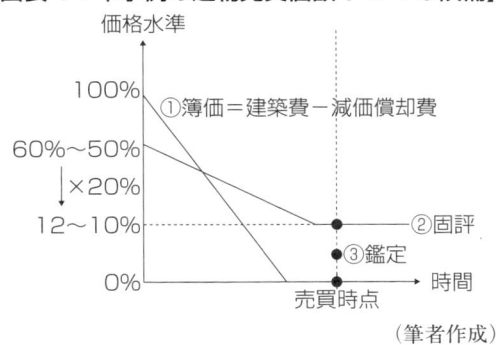

（筆者作成）

鑑定評価額が固定資産税評価額よりも約 218 万円低くなったこともあり、売買価額として鑑定評価額を採用しました。鑑定報酬を考慮しても固定資産税評価額での買取資金よりも低くなり、鑑定を行ったメリットがあった事案といえます。

この事案のような簿価 1 円の建物について、鑑定評価額が固定資産税評価額を必ず下回るという保証はありませんが、筆者の経験上、鑑定評価額が固定資産税評価

額を下回る場合が多いです。鑑定評価額が低いほど鑑定報酬を低く設定している鑑定業者も多く、税理士が想像するよりも鑑定報酬が低い場合も多いので、簿価1円の建物法人化に当たっては、鑑定評価を検討する価値があると思われます。

3 建物について固定資産税評価額よりも低い鑑定評価額の採用可否

この事案のように固定資産税評価額よりも鑑定評価額が低い場合、その鑑定評価額での売買で問題ないのかといった質問を税理士からいただくことがあります。筆者としては、適正な鑑定評価手順に則って鑑定評価額が決定されているのであれば、それが結果的に固定資産税評価額よりも低くても何ら問題ないと考えます。現に市場では、土地建物の売買において建物に価値が見出されず、建物解体費用相当を土地の価額から減価して売買されているケースも多々あります。相続税、贈与税申告における建物の評価は財産評価基本通達により固定資産税評価額によることとされていますが、売買の場面では、固定資産税評価額は1つの参考指標に過ぎません。

SECTION 4 筆者事案

東京都23区内所在の簿価1円の築古賃貸アパートの法人化の事案

Q

　私（顧問税理士）の個人クライアントは以下物件概要に記載の建物4棟の法人化を検討しています。いずれも築古で簿価1円となっています。固定資産税評価額も最終残価率20%に到達しておりこれ以上下がりません。建物売買価額の決定に当たり、鑑定評価を採用しようと考えていますがいかがでしょうか。

【物件概要】

項目	Aアパート	Bアパート	Cアパート	Dアパート
所在	東京都23区	東京都23区	東京都23区	東京都23区
駅距離	徒歩約9分	徒歩約8分	徒歩約9分	徒歩約9分
築年数	55年	52年	36年	37年
構造	木造2階建	木造2階建	木造2階建	木造2階建
延床面積	191.68㎡	249.52㎡	278.24㎡	397.48㎡
間取り	1K,2Kタイプ	1K,2Kタイプ	2DKタイプ	2DKタイプ
満室想定賃料	398,450円／月	473,860円／月	437,300円／月	667,920円／月
建物簿価	1円	1円	1円	1円
建物固評	2,282,600円	3,031,200円	4,341,300円	6,251,900円
建物売却価額	?	?	?	?

外観写真（Dアパート）（筆者撮影）

法人化予定の建物は、築古の木造アパート 4 棟で全て簿価は 1 円になって
いますが、最寄駅から徒歩 10 分圏内の好立地条件、及び、満室想定賃料を
踏まえると、簿価 1 円では低すぎます。低額譲渡による税務リスクがあります。

　一方で固定資産税評価額ですが、費用性に着目した価額であり、貸家として
の収益性を反映していません。また、4 棟全て最終残価率 20%に到達してい
ます。この最終残価率 20%は、家屋が家屋として所有されている以上、最小
使用価値として 20%は存するとの考えに基づくものであり、第三者への売却
を前提とした市場価値、処分価値と必ずしも一致するものではありません。

　以上を踏まえると、ご理解のとおり、売買価額の決定に当たっては、収益性
を反映できる鑑定評価額によるのが望ましいでしょう。

1 鑑定評価の依頼から建物売買価額の決定まで

　この事案は、当初から鑑定評価の依頼前提での相談でした。実際に筆者が鑑定評
価を行った結果は以下のとおりです（【図表 1】）。C アパートは、鑑定評価額が固
定資産税評価額よりも若干高くなりましたが、固定資産税評価額（4 棟合計）に比べ、
鑑定評価額（4 棟合計）の方が約 270 万円低くなったこともあり、売買価額として
鑑定評価額を採用しました。鑑定費用を考慮しても固定資産税評価額での買取資金
よりも低くなり、鑑定評価を行ったメリットがあった事案といえます。

項目	Aアパート	Bアパート	Cアパート	Dアパート
簿価	1円	1円	1円	1円
固定資産税評価額	2,282,600円	3,031,200円	4,341,300円	6,251,900円
鑑定評価額	1,440,000円	2,130,000円	4,660,000円	4,970,000円

固定資産税評価額（4棟合計）：15,907,000円

鑑定評価額（4棟合計）：13,200,000円→固定資産税評価額より2,707,000円プライスダウン

（筆者作成）

　この事案のような簿価1円の建物について、鑑定評価額が固定資産税評価額を必ず下回るという保証はありませんが、筆者の経験上、鑑定評価額が固定資産税評価額を下回る場合が多いです。また、この事案のように同一地域（エリア）での複数棟の鑑定依頼の場合、役所調査や現地調査の手間が省けるので鑑定業者によっては割引をしてくれるところもあります。いずれにしても簿価1円の建物法人化に当たっては、鑑定評価を検討する価値があると思われます。

2 建物について固定資産税評価額よりも低い鑑定評価額の採用可否

　SECTION 3 **3**と同じ内容ですのでそちらを確認してください。

SECTION 5 　筆者事案

相続税節税目的で建てた賃貸アパートの法人化の事案

Q

　私（顧問税理士）の個人クライアントは以下物件概要に記載の建物4棟の法人化を検討しています。建物売却価額はいくらにすればよいでしょうか。法人は資本金数百万円で新設します。建物買取資金は銀行借入で調達しますができるだけ低く抑えたいです。固定資産税評価額6,600万円（＝1,650万円/棟×4棟）で問題ないでしょうか。簿価1億5,240万円（＝3,810万円/棟×4棟）の方がよいでしょうか。それとも鑑定評価を行うべきでしょうか。

【物件概要】

・さいたま市某所

・共同住宅（築9年、軽量鉄骨造2階建、延床面積221.12㎡、住戸数4戸）計4棟

・現所有者の祖父が相続税節税目的で建てた賃貸アパートで、現所有者（孫養子）が相続した物件

・1棟当たり現家賃収入：376,000円/月

・1棟の簿価：3,810万円

・1棟の固定資産税評価額：1,650万円

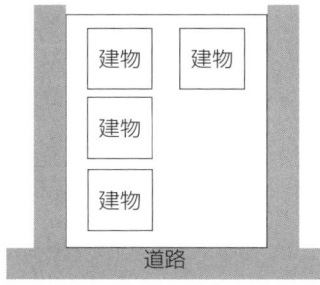

建物の外観（筆者作成）

A

　法人化予定の建物の固定資産税評価額は、比較的築浅のためか簿価の約43.3％程度しかなく、採用すべきではない（時価としては低すぎる）と考えます。仮に固定資産税評価額で譲渡した場合、低額譲渡による課税リスクがあ

ります。

　一方で簿価は鑑定を行わない前提であれば採用の余地がありますが、貸家としての収益性が反映されていません。

　相続税節税目的で自己所有地に賃貸アパートを建築する場合、地主は建物投資コストの回収しか考えていないため、土地建物全体の元本価額に対して十分な家賃収入が得られておらず、鑑定評価を行うことで簿価よりも低い価額が時価として算出される可能性があります。

1　鑑定評価の依頼から建物売買価額の決定まで

　この事案の場合、4棟合計での鑑定評価額が高額になる可能性が高いこともあり、鑑定報酬見積段階で鑑定評価額の概算額をあらかじめ顧問税理士に提示しました。鑑定を行うことで簿価に比べて、約4,320万円（＝（3,810万円 − 2,730万円）× 4棟）も少ない購入資金で済む点、及び、鑑定報酬見積額を顧問税理士からクライアントに説明してもらったことで、スムーズに鑑定評価の受注となりました。結果、売買価額としては鑑定評価額を採用しました。鑑定費用を考慮しても簿価での買取資金よりも相当低くなり、鑑定評価を行ったメリットがあった事案といえます。

＜建物売買価額の検討結果＞

①　簿価：1億5,240万円＝3,810万円×4棟（不採用）

②　固定資産税評価額：6,600万円＝1,650万円×4棟（不採用）

③　不動産鑑定評価額：1億920万円＝2,730万円×4棟（採用）

　この事案のような相続税節税目的で自己所有地に建てた賃貸アパートについて、鑑定評価額が簿価を必ず下回るという保証はありませんが、筆者の経験上、特に地方圏では鑑定評価額が簿価を下回る場合が多い印象です。このような賃貸アパートの建物法人化に当たっては、鑑定報酬と鑑定評価額の概算額について不動産鑑定士にあらかじめ相談した上で、鑑定評価を検討する価値があると思われます。

❷ 筆者の方針

　鑑定報酬見積段階で鑑定評価額の概算額又はレンジ（上限下限）を依頼者に提示するのは手間がかかります。概算額を提示したからといって必ず受注できるものでもありません。しかし、あらかじめ鑑定評価額の概算額又はレンジ（上限下限）を提示しておくことで、安易に鑑定評価を受けて依頼者（筆者の場合、税理士が多い）の期待と異なる鑑定評価額がでた際にトラブルになるのを防止できます。何よりもあらかじめ鑑定評価額の概算額又はレンジ（上限下限）が分かっていた方が税理士からクライアントに鑑定を出すメリットなどを説明しやすくなりますし、鑑定を提案する税理士にとってもある程度結果が見えていることが1つの安心材料になります。したがって、筆者としては、特に鑑定評価額が高額になる可能性が高い場合には、鑑定報酬見積書と合わせて鑑定評価額の概算額又はレンジ（上限下限）を提示するようにしています。

SECTION 6　筆者事案

収益性の高い一棟賃貸マンションの法人化の事案

Q

　私（顧問税理士）の個人クライアントは以下物件概要に記載の建物の法人化を検討しています。建物の収益性が高い点、及び、買主の法人（甲がオーナーの同族会社）は、社歴も長く、本業で利益を出しており、買取資金は潤沢にある点を考慮して、建物売買価額の決定に当たっては鑑定評価を行う方がよいでしょうか。

【物件概要】
・さいたま市某所
・賃貸マンション（築25年、RC造6階建、延床面積2,500㎡、住戸数 45戸）
・平成25年の高度地区（15m地区） 施行前から存する既存不適格建築物で あり、周辺類似物件に比べて収益性が 高い。
・現家賃収入：約420万円/月
・建物の簿価：1億8,100万円
・建物の固定資産税評価額：1億7,700 万円

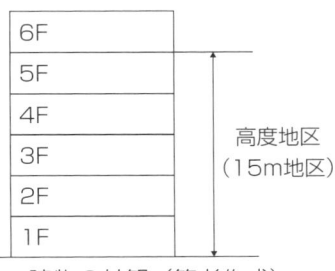

建物の外観（筆者作成）

A

　法人化予定の建物の簿価と固定資産税評価額は近似しており、いずれも採用の余地はあると思われます。ただし、いずれも貸家としての収益性を反映していません。売買価額の決定に当たっては、収益性を反映できる鑑定評価額によ

るのが望ましいといえます。

1 鑑定評価の依頼から建物売買価額の決定まで

　この事案では、筆者が鑑定報酬見積段階で建物の鑑定評価額を概算したところ、約2億円と算出されました。仮に鑑定評価額で売買した場合、売主個人には簿価を超える部分（譲渡益）に譲渡所得税・住民税（税率 20.315％）がかかりますが、買主法人側でその分減価償却費が増えるので、法人税等（実効税率 30％台）の節税になります。加えて、法人側で資金が潤沢にあり買取資金を準備できるのであれば、鑑定採用の余地もあるのではないかと顧問税理士と検討の上でクライアントに説明したところ、鑑定評価の受注となりました。結果、売買価額としては鑑定評価額を採用しました。

＜建物売買価額の検討結果＞
　① 　簿価：1億8,100万円（不採用）
　② 　固定資産税評価額：1億7,700万円（不採用）
　③ 　不動産鑑定評価額：2億円（採用）

　建物法人化スキームにおける建物鑑定評価の依頼に関して、鑑定評価額が簿価を上回る場合、簿価譲渡に対する低額譲渡の課税リスクはありますが、買主の買取資金調達の問題、鑑定費用の負担の問題から鑑定評価の受注には至らない場合が総じて多いです。しかし、この事案は買主法人において買取資金調達の問題はないこと、及び、買主法人側での減価償却による法人税等の節税効果も考慮して、鑑定評価採用に至りました。

SECTION 7 　筆者事案

建物法人化を絡めた個人法人の節税提案

Q

　同族会社、及び、同族会社の現代表の父は以下物件概要に記載の不動産を所有しています。また、現代表の父から同族会社へ約4,400万円貸付金があります。現代表の父の所得税・相続税対策さらには同族会社の法人税対策として何か有効な対策はないでしょうか。

【物件概要】

土地建物の権利関係・利用状況

土地（33-1、-12）

　・同族会社所有

　・簿価が時価に比べて相当高額

建物A

　・同族株主所有

　・1階法人の本社事務所・2階3階賃貸アパート

土地（33-7,-8）

　・現代表の父所有

建物B・C

　・現代表の父所有

　・簿価1円の築古3階建賃貸アパート

建物D

　・現代表の父所有

　・簿価1円の築古2階建貸倉庫（同族会社に賃貸）

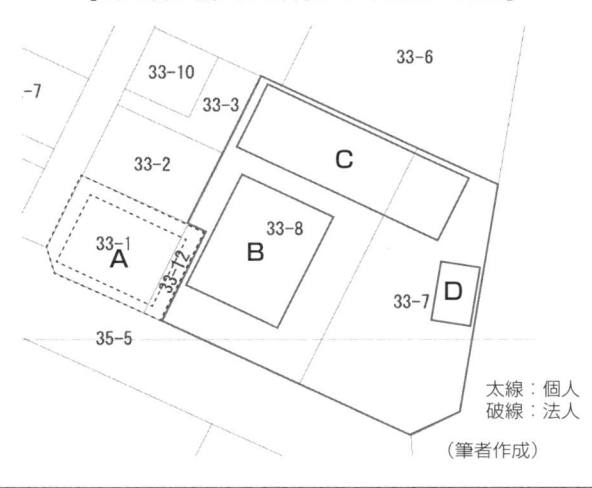

【法人及び個人が所有する不動産の概要】

太線：個人
破線：法人

（筆者作成）

A

　建物法人化を絡めた以下対策が考えられます（対策の効果は解説を確認してください）。対策①②で同族関係者間で土地、建物を売買するに当たり、売買価額（時価）を鑑定評価額で決定するのが望ましいでしょう。

【対策】

① 　個人所有の建物 BCD を法人へ売却（時価 1,800 万円）

② 　法人所有の土地（33-1,-12）を個人へ売却（時価 3,000 万円）

③ 　個人法人間で土地賃貸借契約・無償返還届出書提出

【対策のコスト】

・不動産鑑定評価報酬（対策①②下線部）

・不動産登記関連費用

1　鑑定評価の依頼から対策実行まで

　この事案は、同族会社の顧問税理士が対策を検討後、対策①②の同族間売買に関する鑑定評価の依頼を筆者がいただいたものでした。対策①が簿価1円の建物法人

化であり、**SECTION 3、4**で解説したとおり、まさに鑑定評価の使いどころになります。また、今回は対策②で土地も売買するため合わせて土地の鑑定評価も依頼いただきました。土地の時価算定方法としては、鑑定評価以外にも相続税評価額を0.8で割り戻す簡便法もありますが、建物鑑定評価の過程で隣地の土地鑑定評価額も算出されてしまうので、合わせて鑑定評価をとるのが望ましい事案でした。なお、鑑定評価の結果は、建物BCD3棟で約1,800万円、土地は約3,000万円となりました。

② 対策の効果

(1) 現代表の父の所得税

　対策実行により、建物BCDの家賃収入約1,000万円／年が法人に移転し、代わりに法人からの地代収入120万円／年となることで、現代表の父の不動産所得が減少します。これは建物法人化スキームにおける最大のメリットになります。

(2) 現代表の父の相続税

　対策前の現代表の父の土地の評価単位は、貸家建付地のため棟ごと3単位となります。土地の評価減として大きな評価通達20-2（地積規模の大きな宅地の評価）は、評価単位ごとに面積要件の判定（三大都市圏500㎡以上、それ以外の地域は1,000㎡以上）を行います。3単位それぞれで判定すると、全て面積要件を満たしません。

　対策後の現代表の父の土地は、貸家建付地でなく貸宅地になります。貸宅地の評価単位は、貸付先が複数であるときには、同一人に貸し付けられている部分ごとに1単位となります（国税庁ホームページタックスアンサーNo.4603宅地の評価単位）。対策後の現代表の父の土地の貸付先は同族会社1社のみのため、同族会社の建物が複数棟あっても評価単位は1つとなり、地積規模の大きな宅地の面積要件を満たします。さらに、無償返還届出書提出済みのため、20％評価減（相当の地代通達8）の適用もあります。

　以上をまとめると、対策により、土地の評価単位が貸家建付地3単位から貸宅地1単位になることで、地積規模の大きな宅地の評価、及び、2割評価減が適用でき、相続財産が減少します。

　なお、同族会社は土地売却代金3,000万円から建物購入代金1,800万円を控除し

た残額 1,200 万円で個人借入金を返済することで将来相続財産となる貸付金が減少します。

(3) 同族会社の法人税

同族会社では土地売却により含み損約 2,600 万円（時価 3000 万円 − 簿価 5,600 万円）が実現し、法人税約 900 万円が減少する節税効果があります。

【対策前後の不動産の概要】

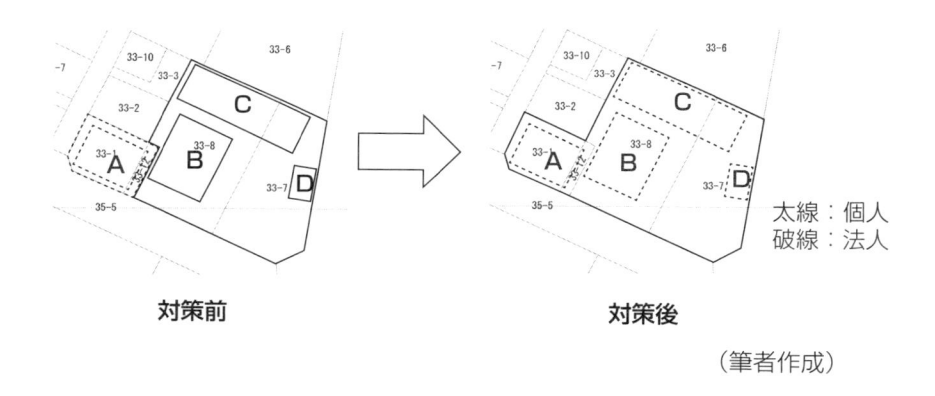

（筆者作成）

SECTION 8

建物売買価額を鑑定評価額で決定した場合の耐用年数決定上の留意点

　建物法人化スキームにおいて、建物売買価額として鑑定評価額を採用する場合、買主法人において、取得した中古建物の耐用年数について、安易に簡便法を適用するのは問題があると考えます。鑑定評価書に記載の経済的残存耐用年数が使用可能期間の見積りに相当し、簡便法適用不可と判断されるリスクがあると思われます。

① 税務上の中古資産の耐用年数

　税務上の中古資産の耐用年数は、減価償却資産の耐用年数等に関する省令3条に規定されています。概要を示せば以下のとおりです。実務上、簡便法を適用しているケースが圧倒的に多いかと思われます。

税務上の中古資産の耐用年数（減価償却資産の耐用年数等に関する省令3条）

原則：見積法

　　　取得後の使用可能期間を見積もる。

例外：簡便法（使用可能期間の見積りが困難であるときに限る）

　　　法定耐用年数の全部経過→法定耐用年数×20%

　　　法定耐用年数の一部経過→（法定耐用年数－経過年数）＋経過年数×20%

---

② 鑑定評価における建物の経済的残存耐用年数

　鑑定評価手法のうち原価法の適用過程において建物の減価額を査定する方法として耐用年数に基づく方法があります。不動産鑑定評価基準では以下のとおり定められています（下線は筆者）。

　計算式で示せば以下のとおりです。

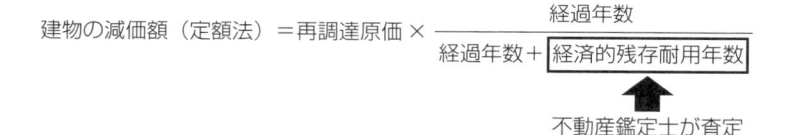

$$\text{建物の減価額（定額法）} = \text{再調達原価} \times \frac{\text{経過年数}}{\text{経過年数} + \boxed{\text{経済的残存耐用年数}}}$$

不動産鑑定士が査定

　税務の減価償却方法（定額法）と似ていますが、税務と異なり、鑑定評価では建物の種別ごとに法定耐用年数が定まっていません。鑑定評価における耐用年数は経過年数と経済的残存耐用年数の和として把握されます。そして、対象建物の経済的残存耐用年数は不動産鑑定士が判断し査定します。対象建物が相当古く、残価率〇％で評価されているような場合を除き、不動産鑑定評価書上、経済的残存耐用年数が記載されています。

3 建物売買価額を鑑定評価額で決定した場合の耐用年数決定上の留意点

　鑑定評価の経済的残存耐用年数は、その意義からして、税務の使用可能期間の見積りに相当します。つまり、税理士自身は使用可能期間の見積りをしていないつもりでも、建物売買価額を鑑定評価額で決定した場合、不動産鑑定士が見積り済みと

いうことです。簡便法の適用は使用可能期間の見積りが困難であるときに限ること
とされていますので、使用可能期間（鑑定評価書に記載されている経済的残存耐用
年数）が見積もられている以上、適用できないと考えます。

　したがって、建物売買価額を鑑定評価額で決定した場合、必ず鑑定評価書に記載
の経済的残存耐用年数を確認した上で、耐用年数を決定する必要があります。特に、
「簡便法で計算した年数＜経済的残存耐用年数」の場合、償却超過ということにな
りますので税務調査での否認リスクがあると思われます。

SECTION 9
建物法人化スキームにおける地代設定と課税関係

　建物法人化スキームにおいて、建物売却と同時に地主個人・借地人法人間で土地賃貸借契約書を締結し、借地権の認定課税を回避するために、土地の無償返還に関する届出書（以下「無償返還届出書」といいます）を提出しますが、地代の設定次第で課税関係にどのような影響があるか解説していきます。

　地主個人は、実際の受取地代について不動産所得として課税対象となります。借地人法人は、実際の支払地代が損金算入されます。地主個人の相続税の計算上、土地評価額を自用地評価額×80％としたい、貸付事業用宅地等の特例を適用したいという場合には、将来の相続開始時の地代水準が使用貸借ではなく賃貸借と認められる必要があります。

1　無償返還届出書が提出されている場合の土地の相続税評価額と地代の関係

　無償返還届出書が提出されている場合の土地の相続税評価額は、賃貸借か使用貸借かによって以下のとおり異なります（相当の地代通達8）。

　　賃貸借の場合：自用地評価額×80％
　　使用貸借の場合：自用地評価額

2　貸付事業用宅地等の特例と地代の関係

　貸付事業用宅地等の特例を適用するには、地代は「相当の対価」である必要があります（措令40の2①）。ここで「相当の対価」の意義は、以下裁決例や逐条解説のとおりです。土地公租公課以下の地代では「相当の対価」に該当せず、貸付事業用宅地等の特例の適用を受けられません。

> そして、「相当の対価を得て」については、貸付け等の用に供している資産の賃貸料が、貸付け等の用に供している資産の固定資産税その他の必要経費を回収した後において、相当の利益を生ずるような対価を得ていることと解され、相当の対価を得ていたかどうかについては、相続開始の直前において、相当の対価を現実に得ていたかどうかという客観的事実により判断するものと解される。

（出典：国税不服審判所 平成 9 年 11 月 19 日 公表裁決 審判所の判断）

> 宅地等又は建物等の貸付けで不動産貸付けたる「事業」に該当するものは、相当の対価により継続的になされるものである。従って、上記における「無償」には、例えば、固定資産税その他の必要経費をカバーする程度の相当の対価に至らない程度の対価の授受がある場合を含むものとする。

（出典：大野隆太編「令和元年 12 月改訂版 相続税・贈与税関係 租税特別措置法通達逐条解説」大蔵財務協会、57 項注書き）

3 地代設定の注意点

　先述のとおり、地主個人の相続税申告において、土地評価額を自用地評価額×80％としたい、貸付事業用宅地等の特例を適用したいという場合には、将来の相続開始時の地代水準が使用貸借ではなく賃貸借と認められる必要があります。

　契約時に土地公租公課を多少上回る程度の地代で設定したまま改定せずに放置した場合、地価上昇に伴い土地公租公課も上昇し、いつの間にか地代が土地公租公課以下の水準になってしまっていたということのないように、地代改定算式を土地賃貸借契約に織り込み、3 年ごとの固定資産税評価額改定のタイミングで地代改定をかけていくのがよいでしょう。地代改定の算式の具体例を示せば以下のとおりです。

> **＜改定地代の算式例＞**
> 改定地代（年額）＝現行地代（年額）＋（改定時土地公租公課－従前土地公租公課）

　これはあくまでも 1 つの算式例でありほかにもいろいろな算式が考えられます

が、このような算式のとおりに改訂していけば地代が土地公租公課を下回ることは
ありません。

SECTION 10 　筆者事案

非住宅用地の地代設定の事案

Q

　私（顧問税理士）の個人クライアントは以下物件概要に記載の建物の法人化を検討しています。建物売却と同時に地主個人・借地人法人間で土地賃貸借契約書を締結し、借地権の認定課税を回避するために、土地の無償返還に関する届出書（以下「無償返還届出書」といいます）を提出しますが、地代はいくらで設定したらよいでしょうか。

【物件概要】

- 神奈川県某所
- 地上9階建て店舗事務所ビルの敷地、地積 260.00㎡
- 商業地域（指定建蔽 80%、指定容積 500%）
- 借地権割合：70%
- 更地価格：300,000,000 円
- 相続税評価額3年平均：240,000,000 円
- 土地公租公課：2,500,000 円

A

　公租公課倍率法による地代と税務の通常の地代のいずれか低い方で設定するのがよいと考えます。鑑定評価による地代は相当の地代並みに高い地代となり、法人への所得移転効果が小さくなるためお勧めしません。

■ 建物法人化スキームにおける地代の算定方法

実務上考えられる地代の算定方法として以下3つの方法があります。

① **公租公課倍率法**

　土地公租公課（年額）×倍率

② **税務の通常の地代の算式**

　相続税評価額過去 3 年平均×（1 −借地権割合）×年 6％

③ **不動産鑑定評価**

　新規地代の鑑定評価額

2　新規地代の鑑定評価をお勧めしない理由

　新規地代の鑑定評価方法の代表例として積算法という手法があります。実務上よく用いられる手法で、地主目線で新規地代を算出する手法になります。

> **＜算式＞**
> 積算賃料＝基礎価格×期待利回り＋必要諸経費

　ここで、無償返還届出方式（借地権の対価としての権利金の授受なし）の場合、基礎価格が更地価格水準となり、以下のように税務の「相当の地代」並みの高い地代が算出される可能性が高いです。

> **＜計算イメージ＞**
> 積算賃料 ＝ 更地価格 (※1) × 5％ (※2) ＋ 土地公租公課（ ≒ 相当の地代）
> （※ 1）建付減価はなしと仮定
> （※ 2）期待利回りは周辺地価公示の土地還元利回り 5％（仮）と同じと仮定

　建物法人化スキームの長所は、法人への所得移転効果の高さです。支払地代を高く設定しすぎると地主個人に所得が逆戻りしてしまい、法人への所得移転効果が小さくなってしまいます。鑑定評価の新規地代（適正地代）より低額の地代でも使用貸借と認められない水準であれば、特段課税上のデメリットもないので、あえて鑑定報酬を支払ってまで鑑定評価を行う必要はないと考えます。

③ 地代決定過程

　この事案では、①公租公課倍率法の地代と②税務の通常の地代をそれぞれ算出し、低い方（②税務の通常の地代）を採用しました。地代が低い方が法人への所得移転効果が高まるためです。参考までに税務の相当の地代と鑑定評価の新規地代も載せておきますが、いずれも高すぎて採用すべきではありません。

＜地代の検討結果＞

　①　公租公課倍率法 6,000,000 円 / 年（＝ 2,500,000 円 × 2.4 倍）（不採用）

　②　税務の通常の地代 4,320,000 円 / 年（＝ 240,000,000 円 ×（1-0.7）× 6%）（採用）

　参考：税務の相当の地代 14,400,000 円 / 年（＝ 240,000,000 円 × 6%）

　　　　鑑定評価の新規地代 16,000,000 円 / 年（ ＝ 300,000,000 円 × 4.5%＋ 2,500,000 円）

　公租公課倍率法で土地公租公課に乗じている 2.4 倍という数値は、対象地と同じ地区における非住宅用地の平均公租公課倍率（出典：（一社）神奈川県不動産鑑定士協会編「継続地代の実態調査」）になります。非住宅用地のため住宅用地の課税標準の特例の適用がなく、土地公租公課が高いこともあり公租公課倍率は住宅用地の場合に比べて低めの傾向があります。

　なお、（一社）神奈川県不動産鑑定士協会編「継続地代の実態調査」は、市販されておらず、不動産鑑定士しか入手できません。全ての都道府県の不動産鑑定士協会が継続地代の実態調査を行っているわけではありませんので必ずこのような資料があるとは限りませんが、公租公課倍率法の適用に当たり、対象地と同じ地域の平均公租公課倍率（相場）を知りたい場合には、不動産鑑定士に聞いてみるとよいでしょう。

SECTION 11　筆者事案

住宅用地の地代設定の事案

Q

　私（顧問税理士）の個人クライアントは以下物件概要に記載の建物の法人化を検討しています。建物売却と同時に地主個人・借地人法人間で土地賃貸借契約書を締結し、借地権の認定課税を回避するために、土地の無償返還に関する届出書（以下「無償返還届出書」といいます）を提出しますが、地代はいくらで設定したらよいでしょうか。

【物件概要】
- 神奈川県某所
- 地上２階建て戸建住宅の敷地、地積 105.00㎡
- 第一種低層住居専用地域（指定建蔽 50%、指定容積 100%）
- 借地権割合：60%
- 更地価格：34,000,000 円
- 相続税評価額 3 年平均：27,000,000 円
- 土地公租公課：65,800 円

A

　公租公課倍率法による地代と税務の通常の地代のいずれか低い方で設定するのがよいと考えます。鑑定評価による地代は相当の地代並みに高い地代となり、法人への所得移転効果が小さくなるためお勧めしません。

■ ■

　建物法人化スキームにおける地代の算定方法

　SECTION 10 **1** と同じ内容になりますのでそちらをご確認ください。

② 新規地代の鑑定評価をお勧めしない理由

SECTION 10 ② と同じ内容になりますのでそちらをご確認ください。

③ 地代決定過程

　この事案では、①公租公課倍率法の地代と②税務の通常の地代をそれぞれ算出し、低い方（①公租公課倍率法の地代）を採用しました。地代が低い方が法人への所得移転効果が高まるためです。参考までに税務の相当の地代と鑑定評価の新規地代も載せておきますが、いずれも高すぎて採用すべきではありません。

```
＜地代の検討結果＞
①　公租公課倍率法による地代 355,000 円／年（≒ 65,800 円×5.4 倍）（採用）
②　税務の通常の地代 648,000 円／年（＝ 27,000,000 円×（1-0.6）
    × 6%）（不採用）
参考：税務の相当の地代 1,620,000 円／年（＝ 27,000,000 円× 6%）
    鑑定評価の新規地代 1,430,000 円／年（≒ 34,000,000 円× 4.0%
    ＋ 65,800 円）
```

　公租公課倍率法で土地公租公課に乗じている 5.4 倍という数値は、対象地と同じ地区における住宅用地の平均公租公課倍率（出典：（一社）神奈川県不動産鑑定士協会編「継続地代の実態調査」）になります。住宅用地の課税標準の特例の適用があり、土地公租公課が相当低いこともあり住宅用地の公租公課倍率は非住宅用地の場合に比べて高めの傾向があります。

　なお、（一社）神奈川県不動産鑑定士協会編「継続地代の実態調査」は、市販されておらず、不動産鑑定士しか入手できません。全ての都道府県の不動産鑑定士協会が継続地代の実態調査を行っているわけではありませんので必ずこのような資料があるとは限りませんが、公租公課倍率法の適用に当たり、対象地と同じ地域の平均公租公課倍率（相場）を知りたい場合には、不動産鑑定士に聞いてみるとよいでしょう。

SECTION 12 　裁判例・裁決例

無償返還届出書提出済みの底地を法人に移転する時期と売買価額の決定

Q

　私（顧問税理士）の個人クライアントは10年ほど前に建物法人化スキームにより、父から相続した稼働率の高い賃貸マンション複数棟の建物だけ法人に売却して家賃収入を個人から法人へ移転しています。いずれは土地も法人に移転しようと考えていますが、どのタイミングがよいでしょうか。また法人に移転する際の売買価額はいくらにすればよいでしょうか。なお、土地の賃貸借契約書には無償返還条項を定め、税務署に土地の無償返還に関する届出書（以下「無償返還届出書」といいます）は提出済です。

A

　まず、法人に土地を移転するタイミングですが、実務上は以下の観点から、地主個人の相続開始後に土地の相続人が法人に売却するケースが多いです。
・相続税の取得費加算の特例が使える。
・土地売却代金を相続税の納税資金に充てられる。
　次に、無償返還届出書提出済みの土地（底地）の借地人法人への売買価額に関しては、借地権価額を控除しない更地としての鑑定評価額が妥当とされた裁決（非公開裁決 平成29年6月27日 TAINS:F0-1-774）もありますので、鑑定評価を行うのがよいでしょう。

- -

１　国税不服審判所
　　H29.6.27 非公開裁決 TAINS:F0-1-774

　本件は、地主（個人）が借地人（同族会社）に無償返還届出書が提出されている土地を売却した際のみなし譲渡（所法59①二）判定の時価が争われた事案です。

審判所の判断ではまず、無償返還届出書が提出された土地（底地）の譲渡時価算定について以下のとおり解釈を述べています。

> 　そうすると、無償返還の届出がされた土地上の借地権等は、経済的価値を有しないものであるといえるから税務上資産計上すべきものとはいえず、そのような税務上資産計上すべき借地権等の取得はないとされた土地を地主が借地人に譲渡した場合には、その価額は第三者との間で成立する通常の取引価額とは異なり、更地価額によるべきことになるのは当然であるから、無償返還の届出の対象となっている土地の時価の算定に当たっては、当該土地上に存する借地権等の価額を自用地としての価額から控除すべきではない。

　具体的な本件土地の譲渡時価の算定方法についてですが、審判所は、①簡便法として評価通達を準用した価額（自用地評価額÷0.8）と、②審判所が不動産鑑定会社に依頼した更地としての不動産鑑定評価額を比較し、②の更地としての不動産鑑定評価額を本件底地の譲渡時価と認定しました。なお、①簡便法として評価通達を準用した方法については、原処分庁も以下のとおり述べています。

> 　譲渡所得に対する課税と相続税とでは、課税の対象及び目的を著しく異にするものであるから、本件各不動産の本件売買契約時における時価の算定に当たっては、評価通達に定める方法によることは適当ではない。

2　評価通達を準用した簡便法によらざるを得ない場合の留意点

　この事案のような無償返還届出書提出済みの土地（底地）の借地人法人への売買価額に関しては、借地権価額を控除しない更地としての鑑定評価額によるのが望ましいですが、クライアントが鑑定報酬を負担したくない場合など、やむを得ず、評価通達を準用した簡便法を使わざるを得ない場合もあります。ただし、この簡便法による場合、無償返還届出書が提出されていても相当の地代通達8（自用地評価額×80％）は適用しないで計算する点に留意する必要があります。

相当の地代通達 8 で無償返還届出書が提出されている土地（底地）の相続税評価額を自用地評価額× 80%（20%評価減）としている趣旨は、あくまでも地主の利用制限の斟酌であり、借地権の経済価値として 20%を積極的に認めたものではありません。借地人への土地（底地）の売却では、借地権が混同により消滅し、完全所有権が復活して地主としての利用制限は解消・回復するため、20%評価減（自用地評価額× 80%）は適用すべきではありません。したがって、簡便法を適用するのであれば、簡便法の計算式下段○に記載の算式で計算する必要があります。

COLUMN 3

無償返還届出書の提出期限

⑴　通達

　無償返還届出書の提出期限について、法人税基本通達 13 － 1 － 7 によれば、「遅滞なく」と記載されているだけで、具体的な期限は定められていないため、実務上いつまでであれば提出できるのかといった疑問が生じます。

⑵　逐条解説

　この点、髙橋正郎著「法人税基本通達逐条解説」1360 頁（令和 3 年、大蔵財務協会）によれば、「『遅滞なく』とは、土地の賃貸借の実行後相当の期間内に行うことを意味するものと考えられ、通常は、借地権の設定等があった後最初に到来する確定申告書の提出期限までということになろう。」と解説されています。税理士が契約時から関与している事案では、最初に到来する確定申告書の提出期限までに提出されていることがほとんどかと思われます。しかし、契約開始後相当期間が経過した後に税理士が関与した場合など、無償返還届出書が提出されていない事案も多いです。

(3) 非公開裁決

国税不服審判所 非公開裁決 H9.2.17 TAINS:F0-3-008 によれば、「本件土地に係る無償返還届出書は、少なくとも、本件相続の開始日までに原処分庁に対し提出されていなければ、本件土地の利用権の価額が存在するものとして取り扱わざるを得ないのであって、たとえ、同日以降に提出されたとしても、上記の課税上の取扱いに何ら影響を及ぼすものではない。」と述べられており、契約時から相当期間を経過していても課税時期前（相続・贈与前）であれば無償返還届出書の提出が認められ得ることが示唆されています。

(4) 私見と実際の事案紹介

無償返還届出書の提出がなく契約開始後相当期間が経過している場合について、私見を述べさせていただくと、(3)の課税時期前（相続・贈与前）であれば無償返還届出書の提出が認められ得るとの考え方が妥当と考えています。借地権の認定課税（権利金収入の認定課税）の判断において実質的に重要なのは、無償返還届出書の提出有無ではなく、契約時に当事者間で無償返還条項を含む土地賃貸借契約を結んでいたか、又は、（当然に無償返還前提の）土地使用貸借契約を結んでいたかにあると考えます。ただし、課税時期後に提出が認められるとすれば、課税関係・財産評価を課税時期後に後出しじゃんけん的に変えられてしまうのでさすがに問題があると考えます。

実際に筆者が関与した贈与の事案ですが、無償返還届出書の提出がなく土地使用貸借契約時から約 35 年経過していた状況下で、贈与前に無償返還届出書の提出を行ったものがあります。特段税務署からはその後提出が認められない旨の通知はありません。この事案では、使用貸借契約書（書面）がなかったので、契約書のバックデイト作成ではなく、現時点まで地代の授受はなく、使用貸借であった旨の確認書を作成し、当該確認書を無償返還届出書に添付して提出しました。また、提出に先立って、提出が認められなかった場合の課税リスクとして追加納付税額や加算税等をクライアントに説明した上で、提出しました。

第 4 章

取得費不明な売却不動産の譲渡所得申告における鑑定評価の使いどころ

SECTION 1

取得費が不明な売却不動産の譲渡所得申告
（当初申告）

Q

　私（顧問税理士）の個人クライアントが相続により取得した不動産を売却しましたが、被相続人が不動産を取得した際の売買契約書や領収書が見つかりません。この場合、譲渡所得申告における取得費は概算取得費5％によらざるを得ないのでしょうか。取得費の検討方法について教えてください。

A

　筆者自身が行っている譲渡所得申告（当初申告）における取得費の検討フローを示せば以下のとおりです。

---

(1)　買換え・交換特例の適用有無の確認

　　↓適用なし

(2)　実額を把握できる資料等（直接証拠・間接証拠）の収集

　　↓実額不明

(3)　推計取得費（取得時の時価）の検討

1　買換え・交換特例の適用有無の確認

　買換え・交換特例の適用がある場合、一定の計算により取得費の引継ぎの取扱いがあるため、まずこれら特例の適用の有無を確認します。買換え・交換特例のうち主要なものを抜粋すると以下のとおりです。

・固定資産の交換の場合の譲渡所得の特例（所法58）

・収用等に伴い代替資産を取得した場合の課税の特例（措法33）

・特定の居住用財産の買換えの場合の長期譲渡所得の課税の特例（措法 36 の 2）

・特定の事業用資産の買換えの場合の譲渡所得の課税の特例（措法 37）

　確認の方法としては、まず依頼者に特例適用の有無できる資料として、不動産取得時の所得税確定申告書の控えの有無を確認します。依頼者が相続した不動産で被相続人の不動産取得時の所得税確定申告書の控えが残っていない場合など、税務署に取得費引継ぎに関する書類（税務署の内部資料）の閲覧申請を行う方法があります。税務署の内部資料は納税者が提出した申告書・届出書でないため、本来は閲覧申請の対象外です。ただし、納税者から問い合わせがあった場合、申告に影響を及ぼす事項であるため、口頭回答する税務署内部の取扱いとなっています。税務署内部で調べる手間、引き継ぐ取得費の再計算等のため、即日回答はもらえず、2 〜 3 日要する場合もありますので申告期限に間に合うよう時間的余裕をもって確認する必要があります。

② 実額を把握できる資料等（直接証拠・間接証拠）の収集

　土地等又は建物等の取得費に関する法令・通達を整理すると【図表 1】のとおりです。

【図表 1：取得費の原則・例外・特例・取扱い】

条文 通達番号等	取扱い
原則 （所法 38）	資産の取得に要した金額並びに設備費及び改良費の額の合計額（実額）とする。
例外 （所法 61）	昭和 27 年 12 月 31 日以前から引き続き所有していた資産である場合 ・その資産の昭和 28 年 1 月 1 日における相続税評価額とする。 ・当該金額が実額に満たないことが証明された場合には、実額とする。
特例 （措法 31 の 4）	昭和 27 年 12 月 31 日以前から引き続き所有していた土地等又は建物等を譲渡した場合 ・所得税法 38 条・61 条の規定にかかわらず、収入金額の 100 分の 5 に相当する金額（概算取得費）とする。

	・当該金額が実額に満たないことが証明された場合には、実額とする。
取扱い （措通 31 の 4-1）	昭和 28 年 1 月 1 日以後に取得した土地建物等を譲渡した場合 ・措法 31 の 4 の規定に準じて計算して差し支えないものとする。

（筆者作成）

　特例（措法 31 の 4）、取扱い（措通 31 の 4-1）より、取得費としては実額を把握する必要があります。

　実額の把握に当たっては、直接証拠として不動産取得時の売買契約書や領収書を収集します。依頼者本人が売買契約書や領収書を持っていない場合でも、売主や仲介業者への照会で実額が把握できる場合もあります。筆者の経験上、売主が不動産業者で当時の売買契約書等の資料が保管されており、照会をかけて実額を把握できたことがあります。

　直接証拠が入手できない場合でも、間接証拠から実額を把握できる場合もあります。

【図表 2：実額を把握する間接証拠の例】

間接証拠	入手先	確認事項
登記簿（閉鎖謄本・旧土地台帳含む）	法務局	取得時期、取得原因、取得時の地目、売主、抵当権の設定額（根抵当の場合は使えない）
古地図	図書館等	取得時の地目、周辺状況
過去航空写真	国土地理院地図等	取得時の地目、周辺状況
通帳、日記、メモ、メール等	依頼者	実額、借入金の返済履歴
金銭消費貸借契約書等の借入関係資料	依頼者・金融機関	実額、借入金額
仲介契約書、仲介手数料の領収書等	依頼者・仲介業者	仲介手数料の金額と計算式
販売広告、パンフレット等	依頼者・仲介業者・近隣住人	売出価格
事業用不動産の場合 青色決算書、不動産収支明細書等	依頼者・税務署	実額

マンションの場合	不動産鑑定士（東京カンテ	① 新築分譲時の売出価格
① マンション分譲時カタロ	イ）・不動産業者（アット	② 中古マンションの成約
グ	ホーム会員）	価格、売出価格
② 中古マンション取引事例		

(注) 下線部の項目は、実額が把握できず、推計取得費による場合の必須確認事項のためあらかじめ調べておく必要あり。

（筆者作成）

3 推計取得費（取得時の時価）の検討

　取得費が不明な場合は、取得時期が古いこともあり、建物の取得費（償却費控除後）はほぼ残っておらず、専ら土地の取得費が問題になることが多いです。ここでは土地の推計取得費の検討について解説します。筆者は、いきなり推計取得費の計算を行うのではなく、以下順次検討を行っています。

---

(1) 概算取得費 5%か推計取得費かの検討

(2) 推計取得費の算出

(3) 取得時の時価水準で取得したことの証明

　以下それぞれ詳しく解説します。

(1) 概算取得費 5%か推計取得費かの検討

　取得時期、取得原因、売主の属性、取得時の地目について、登記簿（閉鎖謄本、旧土地台帳含む）、古地図、過去航空写真等で確認を行います。

① 取得時期に関して

　そもそも取得時期が不明だと、推計取得費の計算ができません。また、取得時期によっては、推計取得費でなく、概算取得費5%によるべきケースもあります。この点、筆者は市街地価格指数を用いて検討しています。例えば、令和5年中に土地（六大都市所在の商業地）を売却した場合、譲渡年月に近い市街地価格指数（143.6）の5%水準となる指数（約7）の年月（昭和31年9月頃）を確認します。そして、売却した不動産の取得時期の指数が5%水準の指数以下又は5%水準付近の場合、

概算取得費5%を採用し、取得時期の指数が5%水準を大きく上回っている場合、推計取得費を検討するようにしています。5%水準を多少上回っている程度の場合、推算取得費で申告することによる節税額も小さく、納税者にとってメリットを感じにくいためです。また、昭和30年代の場合、推計取得費を計算するための資料等が乏しく、合理的算定も困難な場合が多いです。私見にはなりますが、実務上、推計取得費を検討する取得時期としては、昭和40年代中盤以降が現実的かと思われます。

【図表3：概算取得費5%か推計取得費かの検討】

表2　六大都市市街地価格指数
Table 2　Urban Land Price Index of Six Large City

2010(平成22)年3月末 (End of Mar.2010) = 100

月末 End of Month		商業地 Commercial				住宅地 Residential				工業地 Industrial			
			前期比 (%) *1	前年同期 比 (%) *2	Mar.1955 S30.3 =100		前期比 (%) *1	前年同期 比 (%) *2	Mar.1955 S30.3 =100		前期比 (%) *1	前年同期 比 (%) *2	Mar.1955 S30.3 =100
Mar. 1955	S30.3	5.34			100	1.38			100	2.35			100
Sep. 1955	30.9	5.55	4.0		104	1.49	8.0		108	2.49	6.0		106
Mar. 1956	31.3	6.19	14.5	16.0	116	1.56	4.6	13.0	113	2.75	10.4	17.0	117
Sep. 1956	31.9	6.67						20.4	130	3.20	16.2	28.3	136
Mar. 1957	32.3	7.31		18.1	137	2.07	15.4	32.7	150	3.76	17.6	36.8	160
Sep. 1957	32.9	8.11	10.9	21.6	152	2.37	14.7	32.3	172	4.42	17.5	38.2	188
Mar. 1958	33.3	8.58	5.9	17.5	161	2.63	11.0	27.3	191	5.01	13.3	33.1	213
Sep. 1958	33.9	8.69	1.2	7.2	163	2.91	10.5	22.7	211	5.64	12.7	27.7	240
Mar. 1959	34.3	9.22	6.1	7.5	173	3.25	11.8	23.6	236	6.35	12.5	26.8	270
Sep. 1959	34.9	10.5	13.9	20.9	197	3.71	14.0	27.5	269	7.31	15.2	29.6	311
Mar. 1960	35.3	12.3	17.3	33.5	231	4.18	12.6	28.4	303	8.49	16.1	33.7	361
Sep. 1960	35.9	15.5	26.0	47.7	291	4.80	14.9	29.4	348	11.4	34.6	56.3	486
Mar. 1961	36.3	19.7	27.1	60.2	370	6.01	25.3	43.9	436	15.9	38.9	87.0	675
Sep. 1961	36.9	25.1	27.3	61.9	471	7.69	27.8	60.1	557	21.5	35.6	88.3	915
Mar. 2020	02.3	140.8	3.0	8.1	2,633	104.8	0.2	0.6	7,573	104.6	1.2	2.5	4,465
Sep. 2020	02.9	138.7	−1.5	1.5	2,594	104.5	−0.2	0.0	7,555	105.1	0.5	1.6	4,486
Mar. 2021	03.3	138.9	0.1	−1.3	2,598	104.2	−0.3	−0.5	7,535	106.4	1.2	1.7	4,541
Sep. 2021	03.9	138.7	−0.2	−0.1	2,593	104.2	0.0	−0.3	7,532	107.9	1.4	2.7	4,605
Mar. 2022	04.3	139.5	0.6	0.4	2,608	104.6	0.4	0.4	7,564	110.1	2.1	3.5	4,701
Sep. 2022	04.9	141.0	1.1	1.7	2,637	104.9	0.3	0.7	7,586	112.0	1.7	3.8	4,780
Mar. 2023	05.3	143.6				105.9	0.9	1.2	7,653	114.7	2.4	4.1	4,895

譲渡年月の指数の5%水準

譲渡年月の指数

（出典：（一財）日本不動産研究所「市街地価格指数2023年3月末現在」を基に筆者加筆）

② 取得原因に関して

取得原因に関しては、「売買」か否かが重要です。「売買」であれば、金額は分からないにせよ、お金を出して購入している事実は読み取れます。

③ 売主の属性に関して

売主が同族会社、親族（親、祖父母など）の場合には、時価より相当低額で取得している可能性が高いため、推計取得費によるのではなく、概算取得費5%によるのが妥当かと思われます。

売主が第三者の場合、時価水準で購入している可能性が高いため、推計取得費を検討すべきとなります。

④ 取得時の地目に関して

取得時の地目は「宅地」か否かが重要です。宅地以外の場合（農地、山林等）、そもそも推計取得費の合理的な計算が困難です。農地、山林等では、そもそも概算取得費5%の方が実額よりも高い可能性も大きく、概算取得費5%によるのが妥当と思われます。

(2) 推計取得費の算出

推計取得費の算出方法としては、2つの方法に大別されます（**【図表4】**のA法とB法）。

【図表4：推計取得費の算出方法】

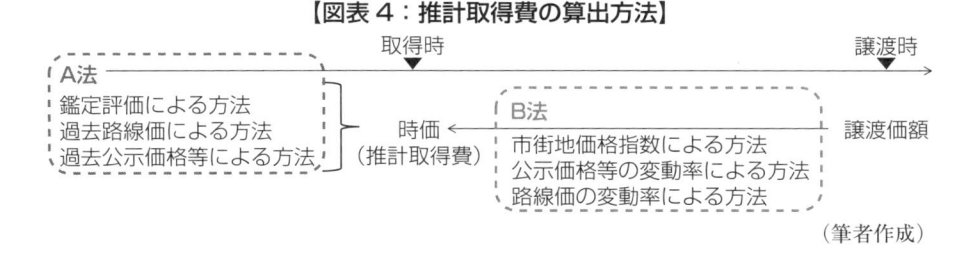

（筆者作成）

A法は、あくまでも取得時に入手可能な資料等に基づいて推計取得費を算出する方法です。鑑定評価による方法に関しては、**SECTION 5**「鑑定評価による方法を断念した事案」を確認してください。過去路線価による方法、及び、過去公示価格等による方法は以下のとおりです。

① 過去路線価による方法

<計算式>

> 推計取得費≒対象地の地積×｛取得時（H3 以前）の正面路線価 (※) ÷ 0.7｝
>
> ｛取得時（H4 以降）の正面路線価÷ 0.8｝
>
> （※）過去路線価の単位は昭和 47 年までは㎡単位ではなく坪単位である点に要注意

<実務上の問題点>

　路線価方式開始当時（S30 ～）は路線価地域が少なく、現在路線価地域でも取得時は倍率地域であり、取得時の路線価がない場合は適用困難。

<過去路線価の調べ方>

　平成 3（1991）年以前：国立国会図書館デジタルコレクション（ウェブサイト）で閲覧可能

　平成 4（1992）年分から平成 17（2005）年分まで：国立国会図書館の書庫資料のため閲覧申込要

　平成 18（2006）年以降：インターネット資料収集保存事業（WARP）により国立国会図書館で収集した過去の国税庁のホームページを閲覧可能（参考 URL：国立国会図書館ホームページ「相続税路線価の調べ方」（https://rnavi.ndl.go.jp/jp/guides/theme_honbun_102052.html#4））

② 過去公示価格等による方法

<計算式>

> 推計取得費≒対象地の地積×取得時の公示価格・基準地価×地域格差補正率 (※)
>
> （※）地域格差補正率の算出方法（例：取得時の相続税路線価比による方法）
>
> 　　　対象地の相続税路線価（取得時）：90
>
> 　　　公示地・基準地の相続税路線価（取得時）：100
>
> 　　　地域格差補正率 0.9（＝ 90 ／ 100）

<公示地・基準地の選び方>

・対象地と用途が同じであること（住宅地、商業地、工業地）

・対象地と都市計画法上の用途地域が同じ（又は類似）であること

・対象地の近隣から検索し始めること

・対象地と公示地・基準地の路線価の乖離ができるだけ小さいこと

＜実務上の問題点＞

・地価公示制度開始当時（昭和 45 年～）はポイントが少ない。

・基本定点観測の継続評価だが、長期間継続しているポイントが少ない。

＜過去公示価格等の調べ方＞

・過去の地価公示（公示価格）

　昭和 45（1970）年以降：土地総合情報システム（https://www.land.mlit.go.jp/webland/）

・過去の都道府県地価調査（基準地価）

　昭和 50（1975）年以降：国立国会図書館『都道府県地価調査時系列データ CD-ROM』

　平成 9（1997）年以降：土地総合情報システム（https://www.land.mlit.go.jp/webland/）

　B法は、譲渡時の譲渡価額等を基に市街地価格指数等を用いて取得時に遡及的時点修正を行って推計取得費を算出する方法です。市街地価格指数による方法に関しては、**SECTION 4**「市街地価格指数を用いて取得費を推計する方法の是非」を確認してください。公示価格等の変動率による方法、及び、路線価の変動率による方法は以下のとおりです。

③　**公示価格等の変動率による方法**

＜計算式＞

$$\text{推計取得費} ≒ \text{現在の土地価格（譲渡価額等）} \times \frac{\text{取得時の公示価格・基準地価}}{\text{譲渡時の公示価格・基準地価}}$$

＜公示地・基準地の選び方＞

　②過去公示価格等による方法と同様。

＜実務上の問題点＞

　②過去公示価格等による方法と同様。

④ 路線価の変動率による方法

<計算式>

$$推計取得費≒現在の土地価格(譲渡価額等)×\frac{\begin{array}{l}取得時(H3以前)の正面路線価 (※)÷0.7\\取得時(H4以降)の正面路線価÷0.8\end{array}}{譲渡時の路線価÷0.8}$$

（※）過去路線価の単位は昭和47年までは㎡単位ではなく坪単位である点に要注意

<実務上の問題点>

　①過去路線価による方法と同様。

<過去路線価の調べ方>

　①過去路線価による方法と同様。

　筆者はA法を重視（優先）しており、B法はあくまでも参考程度にとどめています。もっとも、A法が適用できない場合には重視せざるを得ませんが、時価としての合理性が著しく乏しく、概算取得費5％によることも検討します。可能な限り複数の方法で推計取得費を算出し、以下(3)の検討を経て最終的に1つの価格に決定していきます。

(3)　取得時の時価水準で取得したことの証明

　推計取得費は、あくまでも取得時の時価に過ぎず、法令・通達でいうところの実額であるという保証はありません。したがって、当時の時価水準で実際に取得したことの証明が求められます。しかし、現実的には取得時の時価水準で実際に取得したことの直接的な証明はタイムマシーンでもない限り不可能です。実務上は、売主の属性、取得時の状況を調査した上で、(2)で算出した推計取得費を基に取得費を決定するしかありません。具体例として以下ケース1、2をご確認ください。

ケース1

　例えば、売主が親族外の第三者であり、かつ、取得時に買主に買い急ぎ等の事情がなかったということまで分かれば、当時の時価水準で購入している可能性が高いと思われます。他には、例えば、売主が親族外の第三者であり、かつ、市場で売りに出されていた物件で仲介業者が入っていたということまで分かれば、当時の時価水準で購入している可能性が高いと思われます。

このような場合には、A法重視、B法参考に価格決定します。A法の価格が2つ以上ある場合、単純平均によるのか、どれをどの程度重視するかの重み付けの検討を行います。保守的にA法の中で最も低い価格とするのも一法かと思われます。

ケース2

　例えば、売主が親族外の第三者であり、かつ、取得時に買主に買い急ぎの事情があった場合、当時の時価水準よりも高い価額で購入している可能性が高いと思われます。他には、例えば、売主が隣地所有者で隣地を購入した場合、当時の時価水準よりも高い価額で購入している可能性が高いと思われます。

　このような場合には、当時の時価水準をA法重視、B法参考に価格決定して取得費とすることで、実際の取得費よりも低めに（保守的に）申告することになります。

4　推計取得費を取得費として採用する場合の申告上の留意点

　推計取得費を取得費として採用する場合において、その検討過程・計算根拠をまとめた書面を申告書に添付すべきか否か、又は、計算結果だけ記載して添付書類なしで申告すべきかといった質問を税理士からよく受けます。この点、筆者がお世話になっている国税出身の先生方の間でもそれぞれ以下のとおり意見が分かれています。

①　推計取得費採用に至る検討過程・計算根拠をまとめた書面を添付するという考え方

○　推計取得費による事案は譲渡収入が大きく、税務署内部での審理対象となる譲渡収入基準を超えているケースが多い（概算取得費5％で更正した場合の増差も大きい）。

○　税務署内部の審理上、取得費の出所が不明だと、調査対象から落としにくい。結果、税理士への電話確認、調査対象に振り分けざるを得ない場合もある。

○　推計取得費採用に至る検討過程（取得時期、売買により第三者から取得している旨の記載あり）の説明がある場合、税務調査で実額を調査して立証する手間なども考慮して調査対象から落とすという判断もある。

○　逆に、市街地価格指数による推計取得費の計算過程と公開裁決 H12.11.16（TAINS:J60-2-19）しか添付されていない事案の場合、実額が判明しているにもかかわらず市街地価格指数による推計取得費の方が実額よりも大きいので実額を隠しているのではないか？という疑義が生じる。

②　推計取得費の計算結果だけ記載して添付書類なしで申告するという考え方

○　税務署内部の審理において、推計取得費ではなく実額ではないかとも思われる可能性がある。

○　添付資料を出すことにより、実額調査が不十分、推計取得費の合理性が低い点などが露呈してかえって調査対象になりやすい。

筆者自身は、依頼者に推計取得費の否認リスク（追加納税額＋附帯税等）及びその検討過程・計算根拠をまとめた書面添付に関する2つの考え方を依頼者に説明した上で依頼者の意向を踏まえて判断するようにしていますが、依頼者が決めきれない場合には、書面を添付して申告するようにしています。添付する書面の形式に決まりはありませんが、筆者自身は以下事項を記載した書面を添付するようにしています。

＜推計取得費による場合の添付書面に記載する事項（以下一例）＞

・買換え・交換特例の適用有無の確認結果

・直接証拠（売買契約書、領収書等）の調査結果

・間接証拠（資料調査）の調査結果

・概算取得費5％か推計取得費かの検討過程

・推計取得費の算出

・取得時の時価水準で取得したことの証明

SECTION 2
概算取得費 5%で申告後の更正の請求の可否

Q

　私（顧問税理士）の個人クライアントは、申告期限までに売買契約書や領収書が見つからず、概算取得費 5%を取得費として当初申告していました。その後更正の請求の期限内に売買契約書や領収書が見つかり実額が判明した場合、実額による更正の請求は認められるのでしょうか。また、実額が判明しない場合、推計取得費による更正の請求は認められるのでしょうか。

A

　実額が判明した場合には、実額による更正の請求は認められます。また、実額が判明しない場合において、推計取得費による更正の請求は認められないと考えます。

❶　概算取得費 5%で申告後に実額が判明した場合の更正の請求可否

　これについては、資産税審理研修資料においても更正の請求が認められる旨解説されています（以下参照）。

> 　甲は、令和 2 年分の所得税及び復興特別所得税の確定申告において、土地に係る譲渡所得の計算に際し、昭和 60 年に土地を購入した際の書類等の所在が分からなかったため、当該土地の取得費について、租税特別措置法第 31 条の 4《長期譲渡所得の概算取得費控除》第 1 項及び租税特別措置法通達第 31 の 4 − 1《昭和 28 年以後に取得した資産についての適用》の規定等に基づき、譲渡収入金額の 100 分の 5 に相当する金額（以下「本件概算取得費」という。）により計算した。

その後、当該土地を購入した時の書類が見付かり、それによって把握した実際の購入金額（以下「本件購入金額」という。）が本件概算取得費よりも高額であったことから、甲は本件購入金額に基づき取得費を計算する旨の更正の請求（以下「本件更正の請求」という。）を行った。

　この場合、本件更正の請求は認められるか。

答　本件更正の請求は認められる。

【理由】

　国税通則法第23条《更正の請求》第1項第1号は、更正をすべき旨の請求をすることができる場合として、納税申告書に記載した課税標準等若しくは税額等の計算が国税に関する法律の規定に従っていなかったこと又は当該計算に誤りがあったことにより、当該申告書の提出により納付すべき税額が過大であるときを定めている。

　この点、本事例では、租税特別措置法第31条の4第1項等の規定等に基づき取得費を計算していることから、本件更正の請求の請求事項は、「計算が国税に関する法律の規定に従っていなかったこと又は当該計算に誤りがあったこと」に該当しないのではないかとの疑義が生ずる。

　しかしながら、租税特別措置法第31条の4第1項は、その本文で「取得費は、（中略）当該収入金額の百分の五に相当する金額とする」と規定しているものの、そのただし書において、「当該金額（＝概算取得費）がそれぞれ次の各号に掲げる金額に満たないことが証明された場合には、当該各号に掲げる金額とする」とし、その第1号において、「その土地等の取得に要した金額と改良費の額との合計額」と規定している。

　すなわち、概算取得費は、その額が土地等の取得に要した金額に満たないことが証明されていない場合に適用するものであるから、このことが証明された本事例においては、本件概算取得費ではなく、土地等の取得に要した金額である本件購入金額により取得費を計算することとなる。

　したがって、本件更正の請求については、国税通則法第23条第1項の規定に基づくものとして、その請求を認容するのが相当である。

（出典：東京国税局課税第一部　資産課税課　資産評価官
「資産税審理研修資料」（令和 3 年 8 月作成　TAINS））

2　概算取得費 5％で申告後に推計取得費による更正の請求可否

　更正の請求の場合、納税者が立証責任を負います。納税者がいくら合理的な推計取得費を算出したところで、推計は推計に過ぎず、概算取得費 5％が実額に満たないこと（措法 31 の 4、措通 31 の 4 − 1）を証明したことにはなりません。推計取得費の算出方法としては市街地価格指数による方法のほか鑑定評価による方法など複数考えられますが、いずれの方法による場合でも、土地の取得当時の時価を推測できるにとどまり、そこから土地の実際の取得に要した金額（実額）を算出することはできません。したがって、推計取得費による更正の請求は認められないと考えます。

　同解釈で推計取得費（過去公示価格による方法）による更正の請求が認められなかった裁決例がありますので、以下審判所の判断部分を紹介します（下線は筆者）。

　請求人は、相続により取得した土地建物（本件物件）の取得費は、取得時の公示価格及び親族が記憶する建物の建築価額を基に算出した価額又は相続税評価額である旨主張する。しかしながら、本件物件は、譲渡人らが相続により取得したものであることから、その取得費については、所得税法 60 条 1 項の規定により、被相続人が取得した価額等を引き継ぐこととなる。

　被相続人である請求人の父が本件物件を取得した際の売買代金や建築代金等を証する書類はなく、建物の自宅部分の設計を行った親族も、工場部分について金額が分からない旨申述するだけでなく、支払先を特定できない幅のある金額を申述するにすぎないから、実額取得費を直接証明するものはないというべきである。また、土地の近隣の公示価格からいかなる計算をしたとしても、土地の取得当時の時価を推測できるにとどまり、そこから土地の実際の取得価額を算出することはできない。

　したがって、本件物件の概算取得費が実額取得費に満たないことが証明された

> といえない以上、請求人の分離長期譲渡所得の金額の計算上、その取得費として
> 控除すべき額は、実額取得費ではなく、措置法31条の4第1項の規定に準じ
> て計算される概算取得費とするのが相当である。

（出典：国税不服審判所 H23.9.13 非公開裁決（TAINS：F0-1-1084））

　推計取得費による更正の請求が認められないのであれば、同じ法令・通達を前提
とした当初申告も認められる余地はないとも考えられます。確かに推計取得費は法
令・通達には根拠が見出せません。ただし、当初申告の場合、税務署が推計取得費
を否認するには税務調査で実額の有無を調査して、実額が推計取得費よりも低いこ
と、もしくは、実額が判明しないことを立証しなければなりません。仮に税務調査
で実額が判明しても推計取得費との差額が小さい場合もあり得ます。税務調査で実
額が判明しないと判断して概算取得費5％で更正したのに、審判所で調査したら実
額が判明したとなれば税務調査に不備があったということにもなりかねません。ま
た、譲渡収入の金額的重要性が乏しい場合、税務署内で審理の対象から外れること
もあり得ます。ゆえに、現状、当初申告に限っては、推計取得費による申告が認め
られる（正確には税務調査に移行して否認されずに済む）場合があり得ます。ただ
し、税務署も理系人材の採用を進め、DX化に力を入れ始めています。近い将来税
務署内での審理の方法や税務調査の方法が大きく変わる可能性もありますので、ク
ライアントへの否認リスクの説明はじめ、推計取得費で当初申告する場合にはこれ
まで以上に丁寧に慎重に対応していく必要があるかと思われます。

SECTION 3 　筆者事案

間接証拠から取得費を把握した中古マンションの事案

Q

　私は、以下中古マンションを令和 4 年中に売却しましたが、売買契約書、領収書、当時の通帳、住宅ローン契約書等一切残されておらず、取得費が不明です。概算取得費 5％によらざるを得ないのでしょうか。

売却した中古マンションの事案
・所在地：埼玉県某所
・専有部分：4 階 /5 階、4LDK
・取得時期（原因）：平成 6 年（1994 年）（親族外の第三者から中古購入）
・取得費：不明（売買契約書、領収書、当時の通帳、住宅ローン契約書等一切なし）
・譲渡時期（原因）：令和 4 年（親族外の第三者へ売却）
・譲渡価額：11,000,000 円
・利用状況：取得後自宅として居住していたが、10 年以上前に退去し、以後空家。たまに賃貸しており、売却時は空家であった（3,000 万円控除は適用できない）。

A

　ご質問の場合、まだ調査されていない間接証拠により取得費を把握できる可能性があります。特に中古マンションとして当時購入されたとのことですので、不動産鑑定士より取得当時の同一マンション内の成約価格情報を入手できる可能性もあります。

- -

　この事案は、実際に筆者に相談があった事案で、以下 **1** **2** の間接証拠の収集結

果を踏まえて、実額を把握しました。

1　登記簿調査

　登記簿を確認したところ、抵当権の設定がなされていました。住宅金融公庫での借入のため、実際の購入価格はこれに頭金の他各種諸費用を加えたものと推定できます。実際に 2,600 万円を借り入れているため、取得費（実額）は少なくとも 2,600 万円以上の可能性が極めて高いと推定されます。

【図表 1：登記簿に記載の抵当権設定の情報】

| 抵当権設定 | 平成6年3月22日
第13080号 | 原因　平成6年3月19日金銭消費貸借同日設定
債権額　金2，600万円
利息　金1，270万円に付年3・75％平成16年3月19日から年3・85％金1，330万円に付年3・85％（月割計算・月末満の期間は年365日日割計算）
損害金　年14・5％　年365日日割計算
■■■■■■■■■■■■■■■■■
抵当権者　東京都港区北青山一丁目2番3号
住　宅　金　融　公　庫
（取扱店　株式会社あさひ銀行池袋西口支店） |

2　取得当時の同一マンション内の成約価格情報

　筆者が、東京カンテイデータナビにて、取得時期における同一マンション内の成約価格情報を確認したところ、取得時期（1994 年）の 1 年前に 3LDK の住戸 3,000 万円で成約の情報が手に入りました。

　この事案の場合、登記簿調査の結果だけでも実額を把握するには十分ですが、取得時期における同一マンション内の成約価格情報が入手できれば登記簿調査の結果の検証材料になります。もし、登記簿調査の結果から実額が把握できない場合には、取得時期における同一マンション内の成約価格情報は間接証拠として実額の把握に役立ちます。筆者自身、税理士からよく取得時期における同一マンション内の成約価格情報の資料調査依頼をいただきますので、マンションの取得費調査に当たっては、不動産鑑定士に相談するとよいでしょう。

③ 取得費の計算

　①②を踏まえ、マンション住戸購入価額を 2,600 万円と把握し、そこから建物の取得価額を計算して控除することで土地の取得価額を計算しました（【図表2】）。結果的には、取得費が譲渡価額を上回ったので（譲渡損）、譲渡所得税・住民税は生じませんでした。

【図表2：取得費の計算結果】

建築年月日	①	昭和58年6月10日	履歴事項全部証明書
標準的建築価額	②	143,800円/㎡	国税庁ホームページ標準的な建築価額表
延べ床面積	③	83.21㎡	履歴事項全部証明書
新築建物の取得価額	④＝②×③	11,965,598	
取得年月日	⑤	平成6年3月1日	履歴事項全部証明書
建築〜取得までの経過年数	⑥	11	
建物の償却率	⑦	0.015	国税庁ホームページ非業務用建物（居住用）の償却率
建築〜取得までの減価額	⑧＝④×0.9×⑥×⑦	1,776,891	
中古建物の取得価額	⑨＝④−⑧	10,188,707	
マンション住戸購入価額	⑩	26,000,000	抵当権を見る限り住宅金融公庫での借入のため、実際の購入価格はこれに頭金の他各種諸費用を加えたものと推定できる。実際に2,600万円を借り入れているため、取得費（実額）は少なくとも2,600万円以上の可能性が極めて高いので、推計ではなく、実額判明部分のみ計上という認識である。

			その他検証資料として、取得時の 1 年前における同一マンション 3LDK の成約価格 3,000 万円がある（東京カンテイ資料）。
土地の取得価額	⑪＝⑩－⑨	15,811,293	

市街地価格指数を用いて取得費を推計する方法の是非

　実務上、土地の取得費が不明な場合において、（一財）日本不動産研究所が公表している市街地価格指数を用いて取得費を推計する方法（以下、「市街地価格指数による方法」といいます）があります。この方法が税理士界隈に浸透したきっかけとなったのが国税不服審判所 H12.11.16 公表裁決ですが、その後の非公開裁決において、この方法が認められなかったものも複数出ています。実務上、市街地価格指数による方法を積極的に使うべきか否か私見を述べていきたいと思います。

　結論から申し上げますと、筆者自身は、市街地価格指数による方法はあくまでも参考程度にとどめており、取得時の路線価、取得時の公示価格、取得時までに入手できる取引事例からの鑑定評価を検討するようにしています。

１　市街地価格指数による方法が認められた裁決

　市街地価格指数による方法が税理士界隈に浸透したきっかけとなったのが、国税不服審判所 H12.11.16 公表裁決です。審判所の判断より重要と思われる箇所を引用すると以下のとおりです。

　本件物件の取得費の算定に当たっては、本件建物のうち改築として明らかにその額が認定できるものについてはそれによることとする。しかしながら、取得時期は判明しているが取得価額を直接証する契約書等の資料（請求人提出の資料で採用できないものも含む。）の提出がなく、その額が不明なものについては、その費用を実額により算定することができないから、その部分については、推計の方法によって算定せざるをえない。

（中略）

　本件宅地の取得費については、本件物件の譲渡価額の総額から実勢価額の近似値と認められる当該建物の取得費を差し引いた額に、Mが調査し公表している六大都市を除く市街地価格指数（住宅地）の譲渡時に対する取得時の当該価格指数

の割合を乗じて時価相当額を推定していることから、いずれも合理性があり、当審判所においても、これを不相当とする理由は認められない。

市街地価格指数による方法を改めて図示すると以下のとおりです。

【図表 1：市街地価格指数による方法】

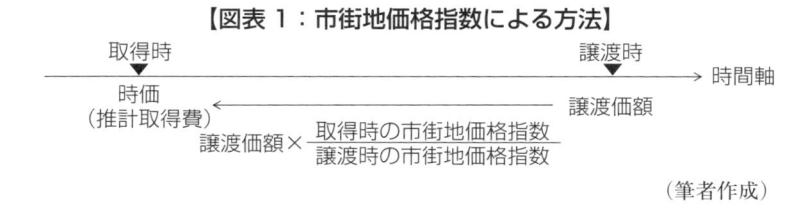

（筆者作成）

2 推計による方法が認められなかった裁決

(1) 国税不服審判所 H26.3.4 非公開裁決（TAINS：F0-1-589）

この裁決では、請求人は概算取得費で当初申告を行った後に推計による方法で更正の請求を行いましたが、更正の請求は認められないとして棄却されています。審判所の判断より重要と思われる箇所を引用すると以下のとおりです。

市街地価格指数は、都市内の宅地価格の平均的な変動状況を全国的・マクロ的に見ることや、地価の長期的変動の傾向を見ることに適しているものであって、そもそも個別の宅地価格の変動状況を直接的に示すものではない。このことからすると、本件各対象土地の譲渡価額に市街地価格指数を用いた割合を乗じることにより算定された金額である請求人ら主張額は、本件被相続人が本件各対象土地を取得した時の市場価格を常に適切に反映するものとまではいえない。

そして、請求人らが採用した六大都市市街地価格指数は、東京区部をはじめとする全国の主要大都市の宅地価格の推移を示す指標であるところ、①本件各対象土地の所在地はいずれも■■■■であって、上記六大都市には含まれていないこと、②本件被相続人が本件各対象土地を取得した当時の本件各対象土地の地目は、いずれも畑であって、宅地ではないことからすると、所在地や地目の異なる六大都市市街地価格指数を用いた割合が、本件各対象土地の地価の推移を適切に反映

した割合であるということはできない。

⑵　国税不服審判所平 H30.5.7 非公開裁決（TAINS:F0-1-987）

　この裁決でも、請求人は概算取得費5％で当初申告を行った後に市街地価格指数による方法で更正の請求を行いましたが、更正の請求は認められないとして棄却されています。市街地価格指数による方法が認められなかった理由としては、⑴同様、市街地価格指数自体が全国的・マクロ的な指数であり、個別の宅地価格の推移を推し量る指標として適当なものとはいい難いこと、及び、取得時の地目が農地であり宅地でないことが指摘されています。

⑶　国税不服審判所 H30.7.31 非公開裁決（TAINS:F0-1-972）

　この裁決でも、請求人は概算取得費5％で当初申告を行った後に市街地価格指数による方法で更正の請求を行いましたが、更正の請求は認められないとして棄却されています。市街地価格指数による方法が認められなかった理由としては、市街地価格指数はそもそも個別の宅地価格の変動状況を直接的に示すものということはできないことが指摘されています。

❸　鑑定評価の考え方から見た市街地価格指数による方法の是非

　鑑定評価で取得時点の土地の時価を求めるには、原則として、取得時までに入手し得る取引事例その他資料等を基に評価する必要があります。ただし、取得時が古ければ古いほど当時の対象地周辺の取引事例や評価に必要な資料等が入手困難になります。そこで、例外として、譲渡時（現時点）までに入手し得る取引事例等を基に時間軸と逆に遡及的時点修正を行うことで取得時の土地の時価を求める方法が鑑定評価上認められないかといった疑問が生じます（【図表2】参照）。この例外的な方法は、行っていること、考え方は推計による方法と同じです。

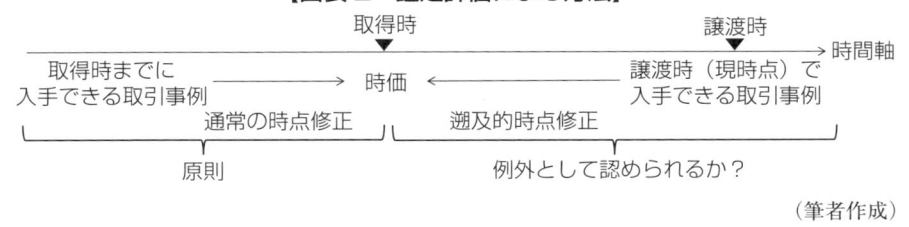

【図表2：鑑定評価による方法】

(筆者作成)

　この疑問に対する回答として、（公社）日本不動産鑑定士協会連合会に寄せられた質疑応答集（https://www.fudousan-kanteishi.or.jp/houreiguideline/20141008_jitsumushishin/）によれば、遡及的時点修正を行う方法（**【図表2】**中の例外）は原則として認められないとされています。理由は単純で、取得時からみて、譲渡時（現時点）で入手できる取引事例等は未知のもの（将来のもの）であり、取得時における時価評価の基準たり得ないからです。

　取得時において、土地の時価について判断し、購入意思決定をする際に使えるのは、あくまでもその時までに入手できる取引事例等しかありません。当たり前ですが、何十年後かの未来でいくらで売れるとか、今後何十年間における宅地価格指数の推移といった情報はタイムマシーンでもない限りそもそも取得時点では手に入りません。そんな取得時からみて未来の取引事例等に基づき時間軸に逆らって時価を求めること自体が時価を求める方法として（時価の形成過程からして）、大きく矛盾しているのです。まったく同じことが市街地価格指数による方法にも当てはまります。

4　結論

　市街地価格指数による方法で用いる市街地価格指数がマクロ的な指数で問題があるため、よりミクロ的な指数として路線価や公示価格を用いる方法がありますが、譲渡時（現時点）から取得時に遡るという点では行っていることは同じであり、**3**で示したとおり、取得時の時価を求める方法として大いに問題があります。そもそも取得時の時価を求めてもそれが実額と認められるかといった問題はありますが、取得時の時価を求めるのであれば、あくまでも取得時の路線価、取得時の公示価格、

取得時までに入手できる取引事例からの鑑定評価を用いる必要があると考えます。

SECTION 5 　筆者事案

鑑定評価による方法を断念した事案

Q

　私は、以下土地を令和○年中に売却しましたが、売買契約書、領収書、ローン関係情報も一切残されておらず、取得費が不明です。鑑定評価による方法で取得費を算出できると聞いたのですがお願いできますでしょうか。

【売却土地の概要】
・所在地：愛知県某所
・取得時期：昭和 46 年（換地前の従前地）
・昭和 51 年土地区画整理法による換地処分
・取得時は倍率地域
・取得時の登記地目：山林
・取得費：不明（売買契約書、領収書等の資料、ローン関係情報も一切なし）
・譲渡時期（原因）：令和○年（親族外の第三者へ売却）
・譲渡価額：57,000,000 円

A

　ご質問の売却土地は昭和 51 年も土地区画整理による換地処分が行われています。鑑定評価に当たっては、取得時（換地前）の土地を明確に把握する必要があります（これを対象不動産の確定といいます）。○○まちづくり公社に換地前の土地の図面が保管されていないか確認したところ、当時のものは破棄されているとのことでした。他に依頼者の所有する資料で取得当時の土地の位置、規模、形状等を把握できる図面、写真も一切ありません。

　取得時の対象不動産を確定するのに必要な資料が集まらない以上、強引な鑑定評価等は避けるべきと考えます。

■1 過去時点の鑑定評価ができる要件

　不動産の鑑定評価を行うには、その基本的事項として価格時点（不動産の価格の判定の基準日）を決める必要があります。価格時点は、鑑定評価を行った年月日を基準として現在の場合（現在時点）、過去の場合（過去時点）及び将来の場合（将来時点）に分けられます。本事例のように鑑定評価による方法で取得費を算出する場合、過去時点の鑑定評価ということになります。

　過去時点の鑑定評価を行う場合、タイムマシーンで過去に遡って当時の対象不動産の実地調査はできないので、当時の対象不動産の状況を依頼者に確認し、鑑定評価に必要な各種資料も当時のものをできる限り収集して確認しなければならないという点に留意が必要になります（以下、不動産鑑定評価基準運用上の留意事項を参照）。当時の状況を把握できる情報がまったくない場合や対象不動産の現況が当時とかなり異なる場合等には、不動産鑑定士としても過去時点の鑑定評価は受けられません。

　過去時点の鑑定評価は、対象不動産の確認等が可能であり、かつ、鑑定評価に必要な要因資料及び事例資料の収集が可能な場合に限り行うことができる。また、時の経過により対象不動産及びその近隣地域等が価格時点から鑑定評価を行う時点までの間に変化している場合もあるので、このような事情変更のある場合の価格時点における対象不動産の確認等については、価格時点に近い時点の確認資料等をできる限り収集し、それを基礎に判断すべきである。

（出典：不動産鑑定評価基準運用上の留意事項　Ⅲ 2.⑵過去時点の鑑定評価について）

　本事例の場合には、取得時の対象不動産を確定するのに必要な資料が集まらないため、過去時点の鑑定評価の要件を欠き、鑑定評価の依頼を受けることはできませんでした。

■2 過去時点の鑑定評価のハードルの高さ

　仮に、取得時の対象不動産を確定するのに必要な資料が収集でき、対象不動産の

確定確認ができたとしても、取得当時の土地の取引事例（成約事例）が入手できないことには、過去時点の鑑定評価はできません。古い取引事例は、各都道府県の不動産鑑定士協会が保管している事例資料より入手しますが、不動産鑑定士自身が業者登録している都道府県の事例しか閲覧できないような閉鎖的な状況になっています。この事案でも、対象不動産の所在する都道府県の愛知県不動産鑑定士協会に確認したところ、「愛知県内の過去事例として昭和の終わりごろまでのものであれば協会のハードディスクに保管されています。愛知県内に登録されている不動産鑑定業者に限り、協会に閲覧にお越しいただければ開示しています。埼玉県不動産鑑定士協会に登録されている井上先生の場合、お越しいただいても開示できません」との回答をいただきました。他県の不動産鑑定士仲間にも確認したところ同様の取扱いでした。したがって、過去時点の鑑定評価は対象不動産所在地の都道府県に業者登録している不動産鑑定士に依頼するのがよいと思われます。対象不動産所在地の都道府県以外に業者登録している不動産鑑定士が行う場合、取得当時の土地の取引事例の収集だけ、対象不動産所在地の都道府県に業者登録している不動産鑑定士に依頼する必要があり、鑑定報酬もその分増えてしまいます。

　また、不動産鑑定士による土地の取引事例の作成は地価公示に使用する目的で始まっており、地価公示制度が昭和45年から開始のため、昭和40年代の土地の取引事例は非常に少なく、各都道府県の不動産鑑定士協会にも保存されていない場合が多いです。仮に取引事例がいくつか収集できても対象不動産と地域要因・個別的要因の比較が困難で、対象不動産の評価には使えない場合もあり得ます。

　以上より、過去時点の鑑定評価を精緻に行うには相当ハードルが高いといえます。

第 5 章

その他税務における鑑定評価の使いどころ

リゾート地にある法人所有の保養所の譲渡時価として鑑定評価額が妥当と判断された裁決例

　不動産の同族間売買では、契約当事者間の恣意性が介入しやすく、不動産市場において第三者間取引で通常成立する適正価格（以下「時価」といいます）と異なる価格で取引される場合が多いです。しかし、時価と異なる価格での同族間売買には、税務上の問題がつきまといます。したがって、鑑定評価を行うのが有効です。

　実務上参考になる裁決例として、国税不服審判所 H16.3.16 公表裁決があります。

１　国税不服審判所 H16.3.16 公表裁決

　この事案は、建設業を営む同族会社（請求人）が、代表者個人に譲渡した建物の時価が争点となった法人税の裁決例です（【図表 1】参照）。

【図表 1：時系列表】

時点	出来事
H6.8.29	請求人代表者の妻Fは、土地の所有権を取得した。なお、当該土地は、都心部から車で 2 時間までの範囲内にあるゴルフ場を備えたリゾート地（ゴルフ会員権付別荘地、通称「G高原分譲別荘地」）として開発された。
H8.8 頃	請求人は、請求人代表者の妻Fが取得した土地上に、床面積 239.31㎡の鉄骨造 3 階建の建物（以下、「本件建物」という）を建築した。ただし、当該建物は未登記である。なお、当該建物の取得価額は、54,494,113 円であった。
H14.2.27	請求人は、請求人代表者に対して、売買価額 5,000,000 円（税抜 4,761,905 円）として、本件建物を譲渡した。請求人は、譲渡日現在における本件建物の帳簿価額が 52,014,985 円であったことから、本件事業年度の法人税確定申告書において、当該金額を固定資産売却損として計上した。

（筆者作成）

　請求人は、実際の売買価額が時価である旨主張しています。一方、原処分庁は、法人税基本通達 9-1-19 を準用して算定した定率法未償却残高 46,261,505 円を時価と主張しています。審判所は、事実認定を踏まえ、独自に鑑定評価を行い、その合

理性を検証した上で、当該鑑定評価額 12,260,000 円を本件建物の時価と認定しています。

　原処分庁主張の定率法未償却残高を下回る鑑定評価額が本件建物の時価と認められたことで、時価と実際の売買価額との差額に対する役員賞与の損金不算入額も減少します。請求人としては、実際の売買価額が時価とは認められなかったものの、審判所採用の鑑定評価額に救われる結果になりました。

② 鑑定評価の内容及び合理性（クオリティ）検証結果の解説

　審判所は本件鑑定評価のクオリティを以下のとおり検証しています。

> 　上記鑑定書については、添付された地図及び写真に照らしても評価の前提となる事実の確定に問題は認められず、計算過程においても本件建物等の定率法による減価修正が法定耐用年数と著しくかけ離れた耐用年数を採用しているなどといった問題等もなく、減価修正に当たっても具体的な根拠に基づき計算され、また、補充書において使用借権に係る評価額について市場流通性の観点から適正に検討されており、同鑑定評価書に基づく鑑定評価額が本件建物等の「適正な時価」を示すものであると認定するのが相当である。

　以下、裁決本文より読み取れる範囲で、筆者なりに本件鑑定評価書の内容及び合理性（クオリティ）検証結果の解説を行います。

(1) 原価法の内容とそのクオリティ

　本件鑑定評価では、鑑定評価手法のうち原価法により鑑定評価額を決定しています。具体的には、自用の建物及びその敷地の再調達原価を査定し、そこから建物の減価額と市場性減価額を控除し、最後に土地価格を控除することで本件建物の評価額を求めています（【図表2】参照）。なお、不動産鑑定士は、本件建物の使用借権の評価額はゼロと判断しており、本件建物の評価額に別途使用借権の評価額を加算することはしていません。

【図表2：本件鑑定評価額の算出過程（原価法）】

土地の再調達原価：4,000,000円 （取引事例比較法で査定）	市場性減価後の自用の建物及びその敷地の 積算価格：16,260,000円 （内訳） 土地：4,000,000円 建物：12,260,000円（←本件建物の評価額）
建物の再調達原価：57,753,000円 （直接法により査定）	市場性減価額：4,065,000円 土地建物再調達原価×市場性減価率20%
	減価修正 建物の減価額：41,427,793円（以下合計） 耐用年数に基づく方法：29,877,193円 観察減価法：11,550,600円

（筆者作成）

　再調達原価とは、対象不動産を価格時点において再調達することを想定した場合において必要とされる適正な原価の総額を意味します。建物の再調達原価は、直接法又は間接法を用いて査定します。直接法とは、対象建物の実際の建築工事費や設計図書等の資料が収集可能な場合に適用可能な方法です。間接法とは、対象建物と面積・構造・用途等の類似する建物の建設事例を収集し、当該建設事例の建築工事費を補修正する方法です。最終的には、不動産鑑定士が、収集した資料の信頼性に応じて直接法又は間接法のいずれかを適用するものとし、必要に応じて併用することとされています。本件では直接法を採用し、一級建築士による積算書を入手して査定していることからその精度は高いと推察されます。

　減価修正は、耐用年数に基づく方法と観察減価法を必ず併用することとされています。耐用年数に基づく方法の算式は税務の定率法又は定額法による減価償却費の計算式と同様です。ただし、税務のようにあらかじめ耐用年数が建物の種類・構造ごとに一律に決められておらず、耐用年数は、建物の構成部位（躯体・仕上・設備）ごとに、経過年数と経済的残存耐用年数の合計として不動産鑑定士が査定することになっています。本件鑑定評価で不動産鑑定評価士が査定した耐用年数は不明ですが、税務上の法定耐用年数と著しくかけ離れた耐用年数を採用しているといった問題はないと審判所の判断部分で述べられています。

　観察減価法は、文字どおり、建物を外部観察したり内覧したりすることにより減価を直接的に目で見て把握する方法であり、偶発的損傷などの個別的な減価要因を

把握・反映しやすい特徴があります。鑑定実務上、耐用年数に基づく方法により経年劣化に基づく減価額を査定し、経年劣化として把握できていない緊急補修等が必要な部分の補修費見積額等を観察減価法により査定して加算する方法が多く用いられています。個人的には本件鑑定評価の観察減価法による減価額の査定根拠（補修費見積の有無等）が気になるところではありますが、この点、審判所の判断においては観察減価法について特段問題視されてはいません。

そして、本件鑑定評価では建物の減価額に加えて、土地建物一体の減価額として市場性減価率 20％に基づく市場性減価を控除している点が特徴的です。鑑定実務上、市場性減価率の査定は決して容易ではありませんが、本件鑑定評価では市場性減価率 20％の査定根拠について以下のとおり対象不動産の市場競争力は極めて低いと丁寧に市場分析した上で、本件建物と同じ別荘地内で規模等の類似した実際の売り希望価格に基づき実証的に査定されています。

市場分析の部分抜粋

(ロ) 別荘地は全般的に低価格化が著しく、割安な中古物件を手軽に購入するか、更地を購入するケースがほとんどであり、新築の建売別荘や中古でも 1,000万円を超えるような物件に対しては極端に需要が減る。

(ハ) 平成 14 年度の全国の別荘地市場については縮小傾向が継続し、新規供給及び売上げは、一層減少してきており、市場として絶滅寸前の低迷状態である。

(ニ) 本件建物のある G 高原分譲別荘地は、Q 県の南西端、R 県との県境に位置し、昭和〇〇年〇月にゴルフ場を備えたリゾート地として K 株式会社によって開発された。総区画数は 3 千区画を超えている。価額評価時点の前後では年数件の取引にとどまっており、当該取引価額は更地又は中古建物付の取引価格で、総額 400 万円前後が中心価格帯となっている。

(ホ) 本件建物が存する土地は、G 高原分譲別荘地内のやや奥まったところに位置しており、特段優れた眺望はなく、傾斜方向が北西向きであるなど、同一需給圏における競争力はやや劣ると思われる。

本件建物については、意匠を凝らした設計設備であり、施工の質、量とも高く、初期投資された資本は高額であるが、個性的な建物は一般的な需要者の好みに合わない場合も多く、特に別荘不動産市場では自分の思いどおりに建てたいという

需要者志向から、マイナス要素として捉えられる。さらに、投下資本額と同一需給圏における中心価格帯との乖離が大きいため、相当の期間での売却を想定した場合、どれほどの市場価値で評価されるかは十分に検討する必要がある。さらに、G高原分譲別荘地内で立地、眺望の優れた物件が低価格で売却されている状況のなかで、本件建物の競争力は極めて低いと分析した。

市場性減価率 20%の査定根拠部分抜粋

　ゴルフ会員権付別荘地を取り巻く経済情勢が非常に低迷している市場分析から、経済的要因を主因とする合理的な修正を加える必要があり、本件にあっては、以下のとおり、新古の売り希望事例に取引事例比較法を適用し、一体としての市場性修正率を査定して、これを経済的要因の減価とする。

　（中略）

　建物及びその敷地一体の比準価格は、規模等の類似した事例（G高原分譲別荘地内の売り希望物件である土地付き建物）が 16,567,000 円及び 16,064,000 円であって、対象不動産が属する市場における別荘に対する需要、価格、売却期間を勘案して、市場性修正率をマイナス 20%と査定した。

　以上より、本件鑑定評価の原価法のクオリティは総じて高いと推察されます。なお、原処分庁の主張する定率法未償却残高を下回る鑑定評価額が求められた要因としては、以下 3 点が考えられます。

・耐用年数に基づく方法により建物の構成部位ごとに異なる耐用年数で経年減価額が査定されたこと
・税務の減価償却にはない概念である観察減価法による減価額が反映されたこと
・税務の減価償却にはない概念である市場性減価額が反映されたこと

⑵　原価法以外の鑑定評価書手法を適用していない点について

　不動産鑑定評価基準各論によれば、自用の建物及びその敷地の鑑定評価に当たっては、原価法、取引事例比較法及び収益還元法の 3 手法を適用することとされています。ただし、平成 26 年基準改正において、市場分析の結果を踏まえ、適用する鑑定評価手法において、複数の鑑定評価方式の考え方が反映され、十分に説得力の

高い鑑定評価額が求められると判断される場合には、その旨を鑑定評価書に明記することで、基準各論に規定されている手法を一部省略することができる点が明確化されています（不動産鑑定評価基準 運用上の留意事項Ⅵ 5.鑑定評価の手法の適用について）。

> 　地域分析及び個別分析により把握した対象不動産に係る市場の特性等を適切に反映した複数の鑑定評価方式の考え方が適切に反映された 1 つの鑑定評価の手法を適用した場合には、当該鑑定評価でそれらの鑑定評価方式に即した複数の鑑定評価の手法を適用したものとみなすことができる。

　鑑定実務上、合理的な要因比較が可能な土地建物一体の取引事例の収集が困難な場合が多いことから、自用の建物及びその敷地の取引事例比較法の適用は断念される場合がほとんどです。本件でも規模等の類似する売り希望物件は 2 件収集できたようですが、取引事例比較法を適用するのに必要な取引事例（成約事例）が入手できず、そもそも取引事例比較法は適用できなかったと推察されます。なお、本件は、平成 26 年基準改正前の事案ですが、仮に平成 26 年基準改正後の事案であったならば、原価法の適用過程で取引事例比較法の考え方（土地建物一体の市場性減価）が適切に考慮されていることから、単に取引事例比較法の適用を断念したという話ではなく、原価法の適用過程で市場性を反映したためその適用を省略したという解釈もできると思われます。

　また、自用の建物であっても収益還元法を適用して想定家賃収入に基づく収益価格を求める必要があるが、市場分析を読む限り、賃貸需要は極めて乏しく、想定家賃の査定に必要な賃貸事例の収集が困難で、そもそも収益還元法は適用困難であったと推察されます。

　以上より、本件鑑定評価で原価法以外の手法（取引事例比較法、及び、収益還元法）を適用していないという理由だけでそのクオリティが低いと判断されることはないと考えます。

3 同族間売買で鑑定評価を検討した方がよい場面 （市場性減価の発生する場合）

　本件鑑定評価の特徴として市場性減価の存在を挙げましたが、市場性減価が発生する不動産の具体例としては以下のような不動産が挙げられます。

> ①　現在の経済情勢の下では、法人・企業の所有する社宅・独身寮は有効需要そのものが不足している。
> ②　リゾート地に所在する別荘、法人・企業の所有する保養所、リゾートホテルなども景気低迷等を原因として有効需要と相対的希少性が欠けている。
> ③　衰退している商業地の店舗、廃店された大型スーパー、倒産したパチンコ店、不採算のホテル及び温泉旅館、赤字経営の病院・ゴルフ場・自動車教習所、倒産・リストラによって閉鎖された工場・倉庫・配送センターなどは効用そのものが認められない。

（出典：（公社）東京不動産鑑定士協会「鑑定実務 Q&A ＜第 7 集＞」（平成 15 年 3 月）34 項）

　本件建物はまさに②リゾート地に所在する法人所有の保養所に該当します。また、記憶に新しい出来事として、新型コロナウイルス感染症の影響により、飲食業、ホテル業、観光業等の業種を中心に事業収益に大きなダメージが生じ、②リゾートホテル、③温泉旅館などの市場性減価が顕在化したところも見受けられました。そして、市場性減価が発生している場合には、建物の時価でいえば税務上の定率法未償却残高や帳簿価額を下回る可能性も出てきます。なお、市場性減価の程度が著しい場合には、現況建物を取り壊して更地化することが最有効使用と妥当と判断される場合もあります。この場合には、現況建物の解体費用を査定して、更地価格から控除することにより鑑定評価額を求めることになります。

　いずれにしても、税理士としては、市場性減価の発生する不動産の具体例を知っておき、それら不動産について同族間売買の時価の検討に際して、鑑定評価を行うことで時価の過大評価リスクを未然に防止できる可能性が高いと思われます。鑑定評価の必要性についてクライアントへの説明に先立ち不動産鑑定士に相談して対象不動産の市場性減価の有無とその程度について所見を聞いておくとよいでしょう。

SECTION 2

固定資産の交換特例の適用要件判定において鑑定評価の限定価格を考慮する場面

Q

　A1及びA2土地の所有者である個人Aが、A2土地と個人Bの所有するB土地を交換することになりました。固定資産の交換特例（所法58）の要件の1つに、「交換譲渡資産の時価と交換取得資産の時価との差額が、これらのうちいずれか高い方の時価の20%以内であること」がありますが、以下のとおりこの事案の場合、この要件を満たさないということになりますか。

【図表1：交換土地の概要】

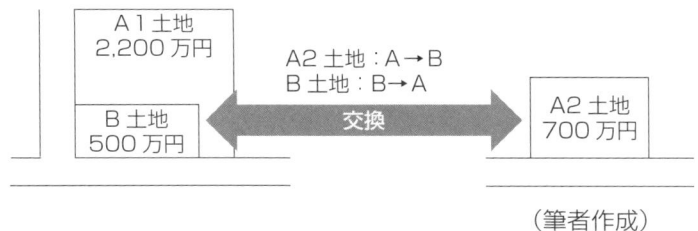

（筆者作成）

図中の金額は、各土地の相続税評価額を0.8で割り戻した価額

差額200万円（＝A2土地700万円－B土地500万円）＞140万円（＝高い方700万円×20%）

→交換特例の要件を満たさない。

A

　A以外の不特定多数の第三者からみたB土地の時価（500万円）は、不動産鑑定評価基準上、正常価格と定義されています。一方、隣接地を所有するAからみたB土地の時価は、交換後にA1土地とB土地が併合して整形地になることによる増分価値を考慮して500万円より高くなる可能性が高いです。このように、隣地所有者のみに成立する時価は、不動産鑑定評価基準上、限定

価格と定義されています。固定資産の交換特例の時価は、正常価格だけを意味するのではなく、限定価格も含まれています（所基通 58-12）。したがって、ＡからみたＢ土地の鑑定評価額（限定価格）で要件判定を行えば、時価の差額20%以内に収まる可能性があります。

1 正常価格と限定価格

鑑定評価を行うには、基本的事項として鑑定評価で求める価格の種類（どんな種類の価格を求めるか）を確定する必要があります。不動産鑑定評価基準では、鑑定評価で求める価格の種類として、以下のとおり4種類を定めています（下線部は筆者）。

> 不動産の鑑定評価によって求める価格は、基本的には正常価格であるが、鑑定評価の依頼目的に対応した条件により限定価格、特定価格又は特殊価格を求める場合があるので、依頼目的に対応した条件を踏まえて価格の種類を適切に判断し、明確にすべきである。なお、評価目的に応じ、特定価格として求めなければならない場合があることに留意しなければならない。

（出典：不動産鑑定評価基準　総論第 5 章第 3 節 I 価格）

全く同じ対象不動産でも、求める価格の種類が異なると鑑定評価額も異なります。ここでは、税務における時価概念と同じ正常価格、及び、固定資産の交換特例の時価で登場する限定価格について解説します。

(1) 正常価格の定義

正常価格の定義について、不動産鑑定評価基準では以下のとおり定められています。

> 正常価格とは、市場性を有する不動産について、現実の社会経済情勢の下で合理的と考えられる条件を満たす市場で形成されるであろう市場価値を表示する適正な価格をいう。

（出典：基準総論第 5 章第 3 節 I 1. 正常価格）

正常価格を求める前提となる市場に関して、現実の社会経済情勢の下で合理的と考えられる条件を満たす市場とされていますが、この市場が満たすべき3つの条件（(1)市場参加者の合理性、(2)取引形態の合理性、(3)相当の市場公開期間）は以下のとおり基準で定められています。

---

(1)　市場参加者が自由意思に基づいて市場に参加し、参入、退出が自由であること。なお、ここでいう市場参加者は、自己の利益を最大化するため次のような要件を満たすとともに、慎重かつ賢明に予測し、行動するものとする。
　① 　売り急ぎ、買い進み等をもたらす特別な動機のないこと
　② 　対象不動産及び対象不動産が属する市場について取引を成立させるために必要となる通常の知識や情報を得ていること
　③ 　取引を成立させるために通常必要と認められる労力、費用を費やしていること
　④ 　対象不動産の最有効使用を前提とした価値判断を行うこと
　⑤ 　買主が通常の資金調達能力を有していること
(2)　取引形態が、市場参加者が制約されたり、売り急ぎ、買い進み等を誘引したりするような特別なものではないこと。
(3)　対象不動産が相当の期間市場に公開されていること。

（出典：不動産鑑定評価基準　総論第5章第3節Ⅰ(1)）

　正常価格について、簡単にいえば、いわゆるオープンマーケット価格を意味し、税務における時価概念（不特定多数の当事者間で自由なとり取引が行われる場合に通常成立すると認められる価額）と同義です。

(2)　限定価格の定義

　限定価格の定義とその具体例について、不動産鑑定評価基準では以下のとおり定められています（下線は筆者）。

　限定価格とは、市場性を有する不動産について、不動産と取得する他の不動産

との併合又は不動産の一部を取得する際の分割等に基づき正常価格と同一の市場概念の下において形成されるであろう市場価値と乖離することにより、市場が相対的に限定される場合における取得部分の当該市場限定に基づく市場価値を適正に表示する価格をいう。

　限定価格を求める場合を例示すれば、次のとおりである。

(1)　借地権者が底地の併合を目的とする売買に関連する場合

(2)　隣接不動産の併合を目的とする売買に関連する場合

(3)　経済合理性に反する不動産の分割を前提とする売買に関連する場合

（出典：不動産鑑定評価基準　総論第 5 章第 3 節 I 2. 限定価格）

　不動産鑑定評価基準における限定価格の定義はやや抽象的な表現で分かりにくいですが、限定価格を求める場合の具体例(2)「隣接不動産の併合を目的とする売買に関連する場合」がまさにこの事案の取引の場面になります。

2 　固定資産の交換特例の時価

　所得税基本通達 58-12（交換資産の時価）によれば、通常の取引価額と異なる当事者間での合意価額でも交換特例適用に当たり時価として認められる場合がある旨定められています。そして、この通常の取引価額は鑑定評価の正常価格を意味し、通常の取引価額と異なる当時者間での合意価額は鑑定評価の限定価格を意味している旨が所得税基本通達逐条解説にて解説されています。

所得税基本通達 58-12（交換資産の時価）

　固定資産の交換があった場合において、交換当事者間において合意されたその資産の価額が交換をするに至った事情等に照らし合理的に算定されていると認められるものであるときは、その合意された価額が通常の取引価額と異なるときであっても、法第 58 条の規定の適用上、これらの資産の価額は当該当事者間において合意されたところによるものとする。

この場合の交換取得資産又は交換譲渡資産の交換時の価額は、一般的には通常成立すると認められる取引価額（実勢価格）をいうものと解することができる。すなわち、不動産鑑定評価基準でいうところの正常価格（不動産が一般の自由市場に相当の期間存在しており、売手と買手とが十分に市場の事情に通じ、しかも特別の動機をもたない場合において成立すると認められる適正な価格をいう。）である。

　（中略）

　したがって、交換当事者が合意した価額がその交換をするに至った事情等からみて合理的に算定されていると認められる場合には、その合意された価額が通常の取引価額と異なるときであっても、法第58条の規定を適用するに当たり基準とする交換時の価額は、その当事者の合意した価額（限定価格）によるべきものと考えられる。

　本通達は、このような考え方により定められている。

（出典：樫田明ほか共著「令和3年版　所得税基本通達逐条解説」（令和3年、大蔵財務協会）752-753頁）

❸　事案検討

　この事案において、A1土地とB土地が交換後併合することでそれぞれ単独の正常価格の合計よりも300万円価値が増加するとした場合、Aとしては、B土地を最大800万（＝正常価格500万円＋増分価値300万円）で取得しても採算が取れることになります。B土地を500万〜最大800万で取得できるのは隣接地所有者Aに限られます。このように特定の市場参加者Aのみに成立する正常価格を上回る価格を限定価格といい、この事案の場合は500万〜最大800万の間で決定されることになります。

　B土地の鑑定評価額（限定価格）の求め方を示せば**【図表2】**のとおりです。鑑定評価上、増分価値をB土地にどう配分するかでいくつか方法がありますが、ここでは、総額比による方法と買入限度額比による方法で計算しています。

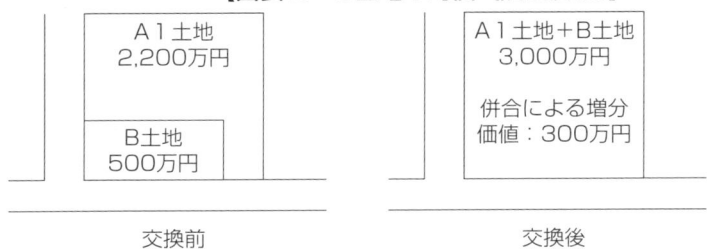

【図表２：Ｂ土地の時価（限定価格）】

交換前

| A１土地 2,200万円 |
| B土地 500万円 |

交換後

A１土地＋B土地 3,000万円

併合による増分価値：300万円

<増分価値の配分方法>

①総額比

$$300万円 \times \frac{500万円}{2,200万円+500万円} ≒ 56万円$$

B土地の限定価格＝556万円（500万円＋56万円）

②買入限度額比

$$300万円 \times \frac{500万円+300万円}{(2,200万円+300万円)+(500万円+300万円)} ≒ 73万円$$

B土地の限定価格＝573万円（500万円＋73万円）

（筆者作成）

仮に鑑定評価の結果、Ｂ土地の限定価格570万円（買入限度額比による方法）と決定した場合、時価の差額20％以内に収まり、固定資産の交換特例の要件「交換譲渡資産の時価と交換取得資産の時価との差額が、これらのうちいずれか高い方の時価の20％以内であること」を満たすことになります。

差額130万円（A2土地700万円－Ｂ土地570万円）≦140万円（いずれか高い方700万円×20％）→交換特例の要件１つを満たす。

SECTION 3 　筆者事案

土地賃貸借か使用貸借かの判断基準

Q

　被相続人甲の相続税申告において、以下土地の評価に悩んでいます。地代水準が土地公租公課倍率で約 1.3 〜 1.8 倍と非常に低いため使用貸借と判断して自用地評価にすべきでしょうか。それとも賃貸借と判断して貸宅地評価しても問題ないでしょうか。

【土地】

・東京都○○区某所、駅前商業地（相続税借地権割合Ｃ：70%）

・土地所有者は被相続人甲（令和 3 年相続開始）

【建物】

・築古の貸店舗ビル

・建物所有者は個人 10 名共有（個人甲とは親族関係なし）

・土地の借り貸しの状況

　　賃貸借契約書あり（契約更新されている契約、地代増額改定されている契約もあり）

　　権利金の授受はなし

　　地代水準は、土地公租公課倍率で約 1.3 〜 1.8 倍

　　甲は受取地代を不動産所得として確定申告済み

A

　個人間の土地の貸し借りに関する使用貸借通達によれば、地代水準が土地公租公課以下の場合は使用貸借と判断することとされていますが、ご質問のように土地公租公課を多少上回る水準の場合、賃貸借か使用貸借かの判断基準は示されていません。地代水準だけでなくその他の事実も総合的に勘案して判断す

べきと考えますが、地代水準に関しては、単に土地公租公課倍率だけに着目するのではなく、地域の相場と比べてどうかという視点が重要と考えます。

1 裁決例・裁判例からみる判断基準

土地賃貸借か使用貸借かが争点となった裁決例・裁判例では地代水準だけでなく以下のような事実も総合的に勘案して判断されています（**【図表1】**）。

〈総合的勘案事項〉
- ・借地人と地主との関係
- ・賃貸借契約書の有無
- ・権利金等の授受の有無
- ・地代水準
- ・その他の事実

2 地代水準に関する判断ポイント

総合的勘案事項の中でも地代水準に関する判断が最も重要になります。個人間の土地の貸し借りに関する使用貸借通達によれば、地代水準が土地公租公課以下の場合は使用貸借と判断することとされていますが、本事例のように土地公租公課を多少上回る水準の場合、賃貸借か使用貸借かの判断基準は示されていません。過去の裁決例・裁判例（**【図表1】**）をみても、土地公租公課倍率1.7倍でも使用貸借と判断された事案もあれば、土地公租公課1.3倍でも賃貸借と判断されたもののあり、土地公租公課倍率の何倍以上であれば賃貸借と判断してよいといった形式的基準は見出せません。

そんな中、国税不服審判所H13.9.27公開裁決によれば、「本件借地契約書が有効に存在し、その約定どおりの金員が支払われていたとしても、本件地代の額は、土地に係る固定資産税等の額の1.5倍程度の額でしかなく、また、近隣の土地の地代の相場の約39％の水準の額であったこと……」と述べられており、単に土地公租公課倍率だけに着目するのではなく、地域の相場と比べて判断している点が実務上

非常に参考になります。

3 当てはめ

　この事案の土地は、地代水準が土地公租公課倍率で約 1.3 ～ 1.8 倍と非常に低いですが、東京都 23 区内で同種の非住宅用地の地代水準の相場は、土地公租公課倍率で 1.0 ～ 2.0 倍が最多レンジです（【図表 2】）。すなわち、ご質問の土地の地代水準は正に地域の相場並みと認められます。

【図表2：東京都23区及びこの事案の対象地所在○○区における地代の固都税倍率】

調査年度	内容
令和 2 年度	23 区（非住宅用地）：1.0 ～ 2.0 倍が 62 件（最多レンジ）で全体の 70% ○○区（非住宅用地）：2.6 倍（1 件）
平成 30 年度	23 区（非住宅用地）：1.0 ～ 2.0 倍が 69 件（最多レンジ）で全体の 51% ○○区（非住宅用地）：平均 1.7 倍（4 件）
平成 28 年度	23 区（非住宅用地）：1.0 ～ 2.0 倍が 57 件（最多レンジ）で全体の 38% ○○区（非住宅用地）：3.7 倍（1 件）
平成 26 年度	23 区（非住宅用地）：1.0 ～ 2.0 倍が 65 件（最多レンジ）で全体の 60% ○○区（非住宅用地）：平均 2.2 倍（2 件）
平成 24 年度	23 区（非住宅用地）：1.0 ～ 2.0 倍が 33 件（最多レンジ）で全体の 63% ○○区（非住宅用地）：平均 1.1 倍（1 件）
平成 22 年度	23 区（非住宅用地）：1.0 ～ 2.0 倍が 27 件（最多レンジ）で全体の 56% ○○区（非住宅用地）：1.57 倍（1 件）

（出典：（公社）東京不動産鑑定士協会「継続地代の調査分析」）

　非住宅用地では住宅用地の課税標準の特例がないため、特に地価の高い都内の土地公租公課は相当高い金額となっています。地主としては地価の上昇や土地公租公課の上昇に連動して地代を増額改定できればよいのですが、地代は契約で定まるも

出典	審判所、裁判所の判断	借地人と地主の関係	賃貸借契約書の有無	権利金等の有無 (注1)
H8.3.29 裁決 TAINS J51-4-33	使用貸借	親子	なし	なし
H8.6.24 裁決 TAINS F0-3-028	賃貸借	親子	あり	なし
H12.9.29 神戸地裁 TAINS Z248-8737	賃貸借	親子	不明	なし
H13.9.27 裁決 TAINS J62-4-28	使用貸借	親子	あり	なし
H14.9.5 裁決 TAINS F0-3-094	賃貸借	第三者である個人間	なし ただし、第三者である地主から賃貸借である旨の答述あり	なし
H18.12.7 裁決 F0-3-201	使用貸借	親子	あり	なし
H25.1.24 新潟地裁 TAINS Z263-12137	賃貸借	義理の親子	あり	なし
H28.9.1.17 裁決 T&Amaster No699	使用貸借	親子	なし	なし

（注 1 ）使用貸借通達の 1 に示されている判断の例示
　　　　✔土地の借受者と所有者との間に当該借受けに係る土地の公租公課に相当する金額以下の金額の
　　　　✔当該土地の借受けについて地代の授受がないものであっても権利金その他地代に代わるべき経
　　　　これはあくまでも例示であり、固定資産税等を上回る支払地代であれば使用貸借でないというこ

支払地代の水準		その他認定事実
固定資産税等との比較(注1)	その他認定事実	
1.7倍	✔借地人（子）の支払地代が本件土地の固定資産税等の1.7倍となっているのは、地主（親）から負担の要求をされた、借地人（子）が相続する予定の本件土地及びその他の土地の固定資産税等の合計額を支払っていたからである。	✔借地人（子）の不動産所得の青色申告決算書に支払地代として計上することなく、公租公課と計上。 ✔領収書のただし書には「固資税、都計税、S町3－718、R町1－909分」等と記載されている。
1.3倍	✔支払地代と固定資産税等の推移は以下のとおり。 支払地代の推移 <table><tr><th>年度</th><th>支払地代 A(千円)</th><th>固定資産税等 B(千円)</th><th>差額 A-B</th><th>比率 A/B</th><th>契約 状況</th><th>納税者</th><th>税務署</th><th>審判所</th></tr><tr><td>昭和54年</td><td>1,720</td><td>1,634</td><td>86</td><td>1.1</td><td></td><td></td><td></td><td></td></tr><tr><td>昭和55年</td><td>2,580</td><td>2,494</td><td>86</td><td>1.0</td><td>口頭</td><td></td><td></td><td>使用貸借</td></tr><tr><td>昭和56年</td><td>2,580</td><td>2,494</td><td>86</td><td>1.0</td><td></td><td></td><td></td><td></td></tr><tr><td>昭和57年</td><td>3,688</td><td>2,743</td><td>945</td><td>1.3</td><td></td><td></td><td>使用貸借</td><td></td></tr><tr><td>昭和58年</td><td>4,361</td><td>3,018</td><td>1,343</td><td>1.4</td><td></td><td>賃貸借</td><td></td><td></td></tr><tr><td>昭和59年</td><td>4,517</td><td>3,067</td><td>1,450</td><td>1.5</td><td></td><td></td><td></td><td></td></tr><tr><td>昭和60年</td><td>5,374</td><td>3,373</td><td>2,001</td><td>1.6</td><td>書面</td><td></td><td></td><td>賃貸借</td></tr><tr><td>昭和61年</td><td>5,653</td><td>3,440</td><td>2,213</td><td>1.6</td><td></td><td></td><td></td><td></td></tr><tr><td>昭和62年</td><td>5,653</td><td>3,440</td><td>2,213</td><td>1.6</td><td></td><td></td><td></td><td></td></tr><tr><td>昭和63年</td><td>9,116</td><td>3,957</td><td>5,159</td><td>2.3</td><td></td><td></td><td></td><td></td></tr><tr><td>平成元年</td><td>19,504</td><td>4,519</td><td>14,985</td><td>4.3</td><td></td><td>賃貸借</td><td></td><td></td></tr></table>	✔S54に口頭契約、その後S57に書面による土地賃借証を作成している。
10倍前後	✔支払地代の水準は固定資産税等の10倍前後であるが、借地人（親）の相続開始時における相当の地代及び通常の地代よりも小さい金額であった。	✔地主（子）は借地人（親）からの地代収入について不動産所得として所得税の確定申告書を提出している。
1.5倍 相続開始時の比較データはなし、上記1.5倍は相続開始時より7年前に地代を増額した時にその時の固定資産税等と地代を比較したデータ	✔相続開始時の1年前の近隣地域の地代相場の約39%の水準である。	✔地主（親）は借地人（子）夫婦に対して本件地代を相当に上回る生活費、給与の支払、現金贈与をしている。
2倍	✔H7年分の地代が固定資産税等を下回ったため、H8年に地主と借地人（被相続人）で地代の値上合意がなされた結果、H8年は固定資産税等の1.3倍、H9年以降は固定資産税等の2倍と順次増額改訂されてきた経緯あり。	✔遺産分割協議書には本件借地権の記載があり、納税者自身も相続税申告書において、本件借地権の存在を認識している。
2.2倍 ただし、支払地代に保証金×4%を加えた金額を固定資産税等で除した倍率	✔本件地代の算定根拠は不明。 ✔本件地代の本件土地の時価に占める率0.06%は、昭和63年既存借地地代率0.13%（※）の約1/2程度、平成3年既存借地地代率0.18%（※）の1/3で極めて低額。 （※）審判所が平均的な地代として用いている既存借地地代率は、日税不動産鑑定士協会が調査・公表している「継続地代の実態調べ」の平均的活用利子率。	✔借主（子）は、賃貸借契約に係る当事者であれば当然認識しているはずの事柄につき意識が希薄であることからも、本件契約が真実本件契約書の表記どおりの土地の賃貸借を目的としたものであったとは認め難い。
固定資産税等を大きく上回る旨の記載のみ	✔地代は近隣相場を基に月7万円と決定されている。	✔地主（義父）の死亡による相続税申告では貸宅地で申告している。
1.8倍	✔借地人（親）から地主（子）へ地代の支払が開始された経緯や動機が不明。 ✔本件土地周辺の価格変動があったにも関わらず（路線価は平成6年分が27万円に対し平成24年文は14.5万円）、地代の変更なし。	✔地代の支払が開始された当時地主（子）が未成年者であった。

授受があるにすぎないものは使用貸借に該当する。
済的利益の授受のあるものは使用貸借に該当しない。
とではない。

（筆者作成）

のであり、賃借人との交渉を経る必要があり、直ちに増額改定できません。これを賃料の遅効性といいます。なお、相場資料として用いた（公社）東京不動産鑑定士協会「継続地代の調査分析」は、都内の地代鑑定には必須の資料です。以前は東京都不動産鑑定士協会ホームページ上からどなたでも（不動産鑑定士でなくても）申込購入可能でしたが、執筆時点では不動産鑑定士しか購入できなくなっていますので、調べたい際は不動産鑑定士に相談する必要があります。

　この事案の土地に関して、地代水準以外に収集した事実を判断基準ごとに整理すると【図表3】のとおりです。これら事実を総合的に勘案して、この事案の土地は、賃貸借と判断して問題ないと考えます。

【図表3：土地賃貸借か使用貸借かの判断基準と本事案で収集した事実の整理】

判断基準	使用貸借に傾く事実	賃貸借に傾く事実
借地人と地主との関係		親族外の第三者間
賃貸借契約書の有無		有り（一部更新、一部地代増額改定）
権利金等の授受の有無	なし	
支払地代の水準		固都税以上、相場並み
その他の事実		不動産所得として申告済

（筆者作成）

COLUMN 4

新設された個別通達を準用したマンションの時価評価方法の是非

(1)　新設された個別通達の計算式の考え方

　令和6年1月1日以後に相続、遺贈又は贈与により取得した「居住用の区分所有財産」（いわゆる分譲マンション）の価額は、新たに定められた個別通達により評価することとされています。この個別通達の計算式は、改正前のマンション住戸の相続税評価額（敷地利用権の自用地価額＋自用家屋の固定資産税評価額）に評価乖離率を乗じて一旦重回帰式による理論上の市場価格を算出した上で、一戸建ての物件とのバランスも考慮して0.6を乗じるという考え方を基に組み立てられています（【図表1、2】）。

【図表 1：評価方法の見直しイメージ】

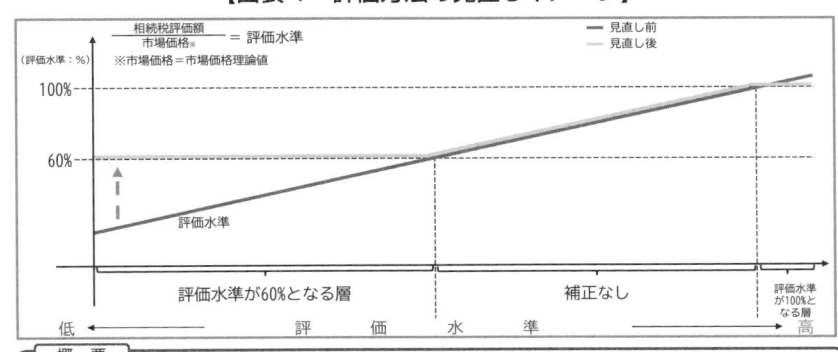

（出典：国税庁「マンションに係る財産評価基本通達に関する有識者会議について」
（令和 5 年 6 月 30 日））

【図表 2：相続税評価の見直し案（要旨）】

（出典：国税庁「マンションに係る財産評価基本通達に関する有識者会議について」
（令和 5 年 6 月 30 日））

　(1)より、改正前のマンション住戸の相続税評価額（敷地利用権の自用地価額＋自用家屋の固定資産税評価額）に評価乖離率を乗じて一旦重回帰式による理論上の市場価格を算出しているのであれば、例えば同族間でのマンション住戸の売買価額としてこれを採用できないかと考える税理士もいるかと思われます。

　ただし、上記方法で求められる価額は、あくまでも「重回帰式による理論的な市場価格」に過ぎません。評価対象となるマンション住戸の実際の市場価格と乖離している可能性は十分にあり得ます。したがって、新設された個別通達を準用した「重回帰式による理論的な市場価格」を安易に売買価額として採用するのではなく、不動産業者の査定結果（コストをかけてもよい場合は鑑定評価額）、同一マンション内の成約価格、売出価格等と比較検討の上でその採用可否を慎重に判断する必要があると考えます。

巻末資料

① 国税庁ホームページ「土壌汚染地の評価の考え方について(情報)」(令和 6 年 6 月 21 日)

② 資産税審理研修資料「産業廃棄物が存する土地の評価」(平成 24 年 7 月作成)

1 土壌汚染地の評価

　土壌汚染地の評価について、現行における課税実務上の取扱いを踏まえ、改めてその考え方を整理・明確化することとした。

1 土壌汚染対策法の概要

　土壌汚染対策法（平成14年法律第53号）は、土壌の特定有害物質（土壌汚染対策法2）による汚染の状況の把握に関する措置及びその汚染による人の健康に係る被害の防止に関する措置を定めること等により、土壌汚染対策の実施を図り、もって国民の健康を保護することを目的としているところ（土壌汚染対策法1）、同法の下では、次に掲げる措置などがとられる。

① 　土地の所有者等は、人の健康に係る被害が生ずるおそれがあると都道府県知事が認める場合には、土壌の汚染状態が基準に適合するかどうかの専門的な調査を環境大臣が指定する指定調査機関（以下「指定調査機関」という。）[注]に行わせ、その結果を都道府県知事に報告しなければならない（土壌汚染対策法5）。

　　（注）　指定調査機関（令和6年3月29日現在、681機関を指定）の最新情報は、環境省のホームページ(https://www.env.go.jp/water/dojo/kikan/index.html)にて公表されている。

② 　都道府県知事は、土壌の特定有害物質による汚染状態が環境省令（土壌汚染対策法施行規則（平成14年環境省令第29号））で定める基準に適合しない土地について、その区域を指定区域（要措置区域又は形質変更時要届出区域）として指定・公示するとともに、指定区域の台帳を調製し、求めに応じて閲覧に供する（土壌汚染対策法6、11、15）。

③ 　要措置区域内の土地の所有者等は、都道府県知事から汚染除去等計画の作成及び提出を指示され、当該汚染除去等計画に従って汚染の除去等の措置を講じなければならず、当該措置を講じたときにはその旨を都道府県知事に報告しなければならない（土壌汚染対策法7）。なお、要措置区域内においては、原則として、土地の形質の変更が禁じられる（土壌汚染対策法9）。

④ 　形質変更時要届出区域内において土地の形質の変更をしようとする者は、当該土地の形質の変更の種類、場所、施行方法、着手予定日等の事項を都道府県知事に届け出なければならない（土壌汚染対策法12）。

2 土壌汚染地の評価方法

(1) 基本的な考え方

　土壌汚染地の評価方法については、下記のとおり、①原価方式、②比較方式及び③収益還元方式の3つの評価方式が考えられる。

① 　原価方式

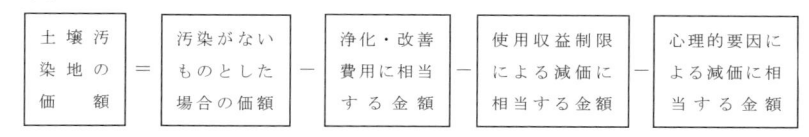

| 土壌汚染地の価額 | = | 汚染がないものとした場合の価額 | − | 浄化・改善費用に相当する金額 | − | 使用収益制限による減価に相当する金額 | − | 心理的要因による減価に相当する金額 |

② 比較方式

評価対象地の土壌汚染と類似の汚染影響がある土地の売買実例を収集し、これに比較準拠する方式

③ 収益還元方式

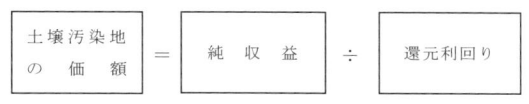

| 土壌汚染地の価額 | ＝ | 純収益 | ÷ | 還元利回り |

これらのうち、②比較方式は、多数の売買実例が収集できるときには、有効な方法であると考えられるが、土壌汚染地の売買実例の収集は困難であり、③収益還元方式についても、汚染等による影響を総合的に検討した上で純収益及び還元利回りを決定することは困難であることから、②及び③のいずれの方式についても標準的な評価方法とすることは難しいと考えられる。

一方、①原価方式は「使用収益制限による減価」及び「心理的要因による減価」をどのように見るかという問題はあるものの、不動産鑑定評価において実務上認められている評価方法と同様の考え方に立脚するものであり、国税不服審判所の裁決事例においてもその合理性が認められているなど、課税実務上の取扱いとして定着している合理的な評価方法であると考えられる。

(2) 土壌汚染地の意義等

土壌汚染地として評価する土地は、課税時期において、特定有害物質による汚染状態が環境省令で定める基準に適合しないと認められる土地（土壌汚染対策法6①一参照）とするが、以下の点に留意する。

① 土壌汚染の可能性があるなどの潜在的な段階では、土壌汚染地として評価することはできない。

② 土壌汚染地は、土壌汚染の調査・対策が義務付けられているか否かにかかわらず、特定有害物質による汚染状態が環境省令で定める基準に適合しないと認められる土地をいう。

③ 土壌汚染対策法に規定する要措置区域の指定がされている場合又は同法に規定する形質変更時要届出区域の指定がされている場合には、特定有害物質による汚染状態が環境省令で定める基準に適合しないことが明らかであるため、いずれの場合も「土壌汚染地」に該当する。

なお、ダイオキシン類対策特別措置法（平成 11 年法律第 105 号）、地方公共団体の条例等に定める有害物質による汚染状態が所定の基準に適合しないと認められる土地についても、土壌汚染対策法と同様の制約に服することに鑑みて、土壌汚染地の評価に準じて評価して差し支えない。

(3) 評価方法

土壌汚染地の価額は、汚染がないものとした場合の価額から、浄化・改善費用に相当する金額、使用収益制限による減価に相当する金額及び心理的要因による減価に相当する金額を控除した金額によって評価する。

イ 汚染がないものとした場合の価額

汚染がないものとした場合の価額は、汚染がないものとして路線価等に基づき評

価した価額をいう。

ロ　浄化・改善費用に相当する金額

　浄化・改善費用は、土壌汚染の除去措置又は封じ込め等の措置に係る費用（所有者等の負担に属さないものを除く。）をいい、浄化・改善費用に相当する金額については、汚染がないものとした場合の価額が地価公示価格水準の８割程度とされていることとのバランスから、浄化・改善費用の見積額の80％相当額とする。

　なお、浄化・改善費用の見積額は、土壌汚染の除去措置又は封じ込め等の措置のうち、課税時期において最も合理的と認められる措置に基づき算定するのが相当であり、指定調査機関による複数の見積りを求めるなどして、最も合理的と認められる措置であるかどうか検証することが望ましい。

　また、路線価等は土地の利用状況がおおむね同一と認められる地域ごとに標準的な画地に基づいて設定されているところ、汚染がないものとして路線価等に基づき評価した価額から控除する浄化・改善費用に相当する金額についても、評価対象地が存する地域における標準的な土地の利用の実現に必要な範囲の浄化・改善費用に係るものとすることが相当である。

　したがって、評価対象地が存する地域における標準的な土地の利用状況を踏まえ、浄化・改善費用が生ずる蓋然性が低いと認められる土地については（注）、浄化・改善費用に相当する金額はないものとして取り扱う。

　（注）　例えば、現状の利用が評価対象地が存する地域における標準的な土地の利用と合致している土地や、評価対象地が存する地域における標準的な土地の利用を実現するに当たって浄化・改善費用を支出する必要のない土地については、原則として、浄化・改善費用が生ずる蓋然性が低いと認められる土地に該当するものと考えられる。

ハ　使用収益制限による減価

　使用収益制限による減価は、土壌汚染の除去以外の措置（封じ込め等の措置）を実施した場合に、その措置の機能を維持するための利用制限に伴い生ずる減価をいう。土壌汚染地に対する措置が除去措置である場合には、除去措置後の土地について使用収益制限は生じないこととなるが、土壌汚染地に対する措置が封じ込め等の措置である場合には、地中に特定有害物質が残留することとなり、当該措置の機能を維持するために土地の利用が制限されることも想定され、使用収益制限による減価が生ずる場合も考えられる。

　しかしながら、土地の使用収益制限の程度は土壌汚染の状況等によって区々であり、一定の減額割合（減価に相当する金額）を定めることができないため、個別に検討せざるを得ないと考えられる。

　なお、封じ込め等の措置により評価対象地が存する地域における標準的な土地の利用が実現するような場合には、原則として、使用収益制限による減価は生じないことに留意する。

ニ　心理的要因による減価

　心理的要因による減価（スティグマ）は、土壌汚染の存在に起因する心理的な嫌悪感から生ずる減価をいう。

　心理的要因による減価については、一般に数値化ないし標準化することは困難で

あり、措置の内容や措置の前後、措置後の経過期間等によって減価の程度が異なるなど、一定の減額割合（減価に相当する金額）を定めることができないため、個別に検討せざるを得ないものと考えられるが、基本的には考慮しない。

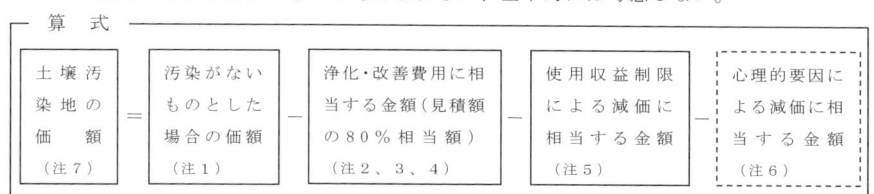

算　式

| 土壌汚染地の価額（注7） | ＝ | 汚染がないものとした場合の価額（注1） | － | 浄化・改善費用に相当する金額（見積額の80％相当額）（注2、3、4） | － | 使用収益制限による減価に相当する金額（注5） | － | 心理的要因による減価に相当する金額（注6） |

（注）　1　汚染がないものとした場合の価額は、汚染がないものとして路線価等に基づき評価した価額をいう。
　　　　2　浄化・改善費用は、土壌汚染の除去措置又は封じ込め等の措置に係る費用をいい、浄化・改善費用に相当する金額は、汚染がないものとした場合の価額が地価公示価格水準の8割程度とされていることとのバランスから、浄化・改善費用の見積額の80％相当額とする。
　　　　3　浄化・改善費用の見積額については、土壌汚染の除去措置又は封じ込め等の措置のうち、課税時期において最も合理的と認められる措置に基づき算定するのが相当である。
　　　　4　評価対象地が存する地域における標準的な土地の利用状況を踏まえ、浄化・改善費用が生ずる蓋然性が低いと認められる土地については、浄化・改善費用に相当する金額はないものとして取り扱う。
　　　　5　使用収益制限による減価は、土壌汚染の除去以外の措置（封じ込め等の措置）を実施した場合に、その措置の機能を維持するための利用制限に伴い生ずる減価をいう。
　　　　6　心理的要因による減価は、土壌汚染の存在に起因する心理的な嫌悪感から生ずる減価をいう。
　　　　7　各控除額の合計額が汚染がないものとした場合の価額を上回る場合には、当該合計額は、汚染がないものとした場合の価額を限度とする。

3　その他

(1)　浄化・改善費用の額が確定している場合の取扱い

　課税時期において、①評価対象地について都道府県知事から汚染の除去等の命令が出され、それに要する費用の額が確定している場合や、②浄化・改善の措置中の土地で既に浄化・改善費用の額が確定している場合には、その浄化・改善費用の額（課税時期において未払になっている金額に限る。）は、その土地の評価額から控除するのではなく、相続税法（昭和25年法律第73号）第14条第1項に規定する「確実と認められる債務」として、相続財産の価額から控除すべき債務に計上し、他方、評価対象地は浄化・改善措置を了したものとして評価するのが相当である。

　これは、課税時期において既に浄化・改善措置を実施することが確実であることから、その確実な債務に該当する金額を相続税における債務控除額とし、また、土地の価額は、課税時期において土壌汚染地ではあるものの、いずれ浄化・改善措置後の土地となることが確実と見込まれることから、浄化・改善措置を了したものとして評価するのが相当であるとの考え方によるものである。

　なお、都道府県知事から汚染の除去等の命令が出された場合、地方公共団体を通じて汚染の除去等の措置を講ずる者に対して助成金が交付される場合がある。この場合には、相続財産の価額から控除する確実な債務の金額は、債務控除の対象となる浄化・改善費用の金額から助成金の額を控除した金額とするのが相当と考えられる。

汚染の除去等の措置の費用を汚染原因者に求償できる場合の取扱い

要措置区域内の土地の所有者等は、当該土地においてその汚染の除去等の措置を講じた場合において、当該土地の土壌の特定有害物質による汚染が当該土地の所有者等以外の者の行為によるものであるときは、その行為をした者（汚染原因者）に対し、その汚染の除去等の措置に要した費用を請求することができることとされている（土壌汚染対策法8①）。

このため、被相続人が土壌汚染地の汚染の除去等の措置を行い、汚染原因者にその除去等の措置に要した費用を請求している場合には、その土地は浄化・改善措置後の土地として評価し、他方、その求償権は相続財産として計上することに留意することが必要である。

なお、求償権の評価に当たっては、除去等の措置に要した費用の額を回収できない場合も想定され、その回収可能性を適正に見積もる必要があることから、財産評価基本通達（昭和39年4月25日付直資56、直審（資）17）204（（貸付金債権の評価））、205（（貸付金債権等の元本価額の範囲））に準じて評価するのが相当と考えられる。

(注)　別途、土地の所有者等が汚染原因者に対して損害賠償請求を行っている場合には、その損害賠償請求権も相続財産に該当することに留意する（民法709、財産評価基本通達210）。

（参考１）　浄化・改善費用と土地価額との関係（イメージ図）

【除去措置が必要な場合】

除去措置が必要な土地の価額	浄化・改善費用	スティグマ

除去措置完了後の土地の価額	スティグマ

汚染されていない土地の価額

【封じ込め等の措置が可能な場合①】

封じ込め等が可能な土地の価額	浄化・改善費用	使用収益制限	スティグマ

封じ込め等の措置完了後の土地の価額	使用収益制限	スティグマ

汚染されていない土地の価額

【封じ込め等の措置が可能な場合②（評価対象地が存する地域における標準的な土地の利用が実現するような場合）】

封じ込め等が可能な土地の価額	浄化・改善費用	使用収益制限	スティグマ

封じ込め等の措置完了後の土地の価額	スティグマ

汚染されていない土地の価額

○　土壌汚染対策法（抄）

（目的）

第一条　この法律は、土壌の特定有害物質による汚染の状況の把握に関する措置及び
その汚染による人の健康に係る被害の防止に関する措置を定めること等により、土
壌汚染対策の実施を図り、もって国民の健康を保護することを目的とする。

（定義）

第二条　この法律において「特定有害物質」とは、鉛、砒（ひ）素、トリクロロエチレ
ンその他の物質（放射性物質を除く。）であって、それが土壌に含まれることに起因
して人の健康に係る被害を生ずるおそれがあるものとして政令で定めるものをいう。

2　省略

（土壌汚染による健康被害が生ずるおそれがある土地の調査）

第五条　都道府県知事は、第三条第一項本文及び第八項並びに前条第二項及び第三項
本文に規定するもののほか、土壌の特定有害物質による汚染により人の健康に係る
被害が生ずるおそれがあるものとして政令で定める基準に該当する土地があると認
めるときは、政令で定めるところにより、当該土地の土壌の特定有害物質による汚
染の状況について、当該土地の所有者等に対し、指定調査機関に第三条第一項の環
境省令で定める方法により調査させて、その結果を報告すべきことを命ずることが
できる。

2　省略

（要措置区域の指定等）

第六条　都道府県知事は、土地が次の各号のいずれにも該当すると認める場合には、
当該土地の区域を、その土地が特定有害物質によって汚染されており、当該汚染に
よる人の健康に係る被害を防止するため当該汚染の除去、当該汚染の拡散の防止そ
の他の措置（以下「汚染の除去等の措置」という。）を講ずることが必要な区域とし
て指定するものとする。

　一　土壌汚染状況調査の結果、当該土地の土壌の特定有害物質による汚染状態が環
境省令で定める基準に適合しないこと。

　二　土壌の特定有害物質による汚染により、人の健康に係る被害が生じ、又は生ず
るおそれがあるものとして政令で定める基準に該当すること。

2〜3　省略

4　都道府県知事は、汚染の除去等の措置により、第一項の指定に係る区域（以下「要
措置区域」という。）の全部又は一部について同項の指定の事由がなくなったと認め
るときは、当該要措置区域の全部又は一部について同項の指定を解除するものとす
る。

5　省略

（汚染除去等計画の提出等）

第七条　都道府県知事は、前条第一項の指定をしたときは、環境省令で定めるところにより、当該汚染による人の健康に係る被害を防止するため必要な限度において、要措置区域内の土地の所有者等に対し、当該要措置区域内において講ずべき汚染の除去等の措置及びその理由、当該措置を講ずべき期限その他環境省令で定める事項を示して、次に掲げる事項を記載した計画（以下「汚染除去等計画」という。）を作成し、これを都道府県知事に提出すべきことを指示するものとする。ただし、当該土地の所有者等以外の者の行為によって当該土地の土壌の特定有害物質による汚染が生じたことが明らかな場合であって、その行為をした者（相続、合併又は分割によりその地位を承継した者を含む。以下この項及び次条において同じ。）に汚染の除去等の措置を講じさせることが相当であると認められ、かつ、これを講じさせることについて当該土地の所有者等に異議がないときは、環境省令で定めるところにより、その行為をした者に対し、指示するものとする。

一～三　省略

2～6　省略

7　汚染除去等計画の提出をした者は、当該汚染除去等計画に従って実施措置を講じなければならない。

8　省略

9　汚染除去等計画の提出をした者は、当該汚染除去等計画に記載された実施措置を講じたときは、環境省令で定めるところにより、その旨を都道府県知事に報告しなければならない。

10　省略

（汚染除去等計画の作成等に要した費用の請求）

第八条　前条第一項本文の規定により都道府県知事から指示を受けた土地の所有者等は、当該土地において実施措置を講じた場合において、当該土地の土壌の特定有害物質による汚染が当該土地の所有者等以外の者の行為によるものであるときは、その行為をした者に対し、当該実施措置に係る汚染除去等計画の作成及び変更並びに当該実施措置に要した費用について、指示措置に係る汚染除去等計画の作成及び変更並びに指示措置に要する費用の額の限度において、請求することができる。ただし、その行為をした者が既に当該指示措置又は当該指示措置に係る前条第一項第一号に規定する環境省令で定める汚染の除去等の措置（以下この項において「指示措置等」という。）に係る汚染除去等計画の作成及び変更並びに指示措置等に要する費用を負担し、又は負担したものとみなされるときは、この限りでない。

2　省略

（要措置区域内における土地の形質の変更の禁止）

第九条　要措置区域内においては、何人も、土地の形質の変更をしてはならない。ただし、次に掲げる行為については、この限りでない。

一　第七条第一項の規定により都道府県知事から指示を受けた者が汚染除去等計画

に基づく実施措置として行う行為

二　通常の管理行為、軽易な行為その他の行為であって、環境省令で定めるもの

三　非常災害のために必要な応急措置として行う行為

（形質変更時要届出区域の指定等）

第十一条　都道府県知事は、土地が第六条第一項第一号に該当し、同項第二号に該当しないと認める場合には、当該土地の区域を、その土地が特定有害物質によって汚染されており、当該土地の形質の変更をしようとするときの届出をしなければならない区域として指定するものとする。

2　都道府県知事は、土壌の特定有害物質による汚染の除去により、前項の指定に係る区域（以下「形質変更時要届出区域」という。）の全部又は一部について同項の指定の事由がなくなったと認めるときは、当該形質変更時要届出区域の全部又は一部について同項の指定を解除するものとする。

3〜4　省略

（形質変更時要届出区域内における土地の形質の変更の届出及び計画変更命令）

第十二条　形質変更時要届出区域内において土地の形質の変更をしようとする者は、当該土地の形質の変更に着手する日の十四日前までに、環境省令で定めるところにより、当該土地の形質の変更の種類、場所、施行方法及び着手予定日その他環境省令で定める事項を都道府県知事に届け出なければならない。ただし、次に掲げる行為については、この限りでない。

一　土地の形質の変更の施行及び管理に関する方針（環境省令で定めるところにより、環境省令で定める基準に適合する旨の都道府県知事の確認を受けたものに限る。）に基づく次のいずれにも該当する土地の形質の変更

イ　土地の土壌の特定有害物質による汚染が専ら自然又は専ら土地の造成に係る水面埋立てに用いられた土砂に由来するものとして環境省令で定める要件に該当する土地における土地の形質の変更

ロ　人の健康に係る被害が生ずるおそれがないものとして環境省令で定める要件に該当する土地の形質の変更

二　通常の管理行為、軽易な行為その他の行為であって、環境省令で定めるもの

三　形質変更時要届出区域が指定された際既に着手していた行為

四　非常災害のために必要な応急措置として行う行為

2〜5　省略

（台帳）

第十五条　都道府県知事は、要措置区域の台帳、形質変更時要届出区域の台帳、第六条第四項の規定により同条第一項の指定が解除された要措置区域の台帳及び第十一条第二項の規定により同条第一項の指定が解除された形質変更時要届出区域の台帳（以下この条において「台帳」という。）を調製し、これを保管しなければならない。

2　台帳の記載事項その他その調製及び保管に関し必要な事項は、環境省令で定める。

3　都道府県知事は、台帳の閲覧を求められたときは、正当な理由がなければ、これを拒むことができない。

2　埋蔵文化財包蔵地の評価

> 埋蔵文化財包蔵地の評価について、土壌汚染地の評価に準じて評価する現行における課税実務上の取扱いを踏まえ、改めてその考え方を整理・明確化することとした。

1　文化財保護法の概要

　　文化財保護法（昭和25年法律第214号）は、文化財を保存し、かつ、その活用を図り、もって国民の文化的向上に資するとともに、世界文化の進歩に貢献することを目的とするところ（文化財保護法1）、同法に規定する貝づか、古墳その他埋蔵文化財を包蔵する土地として周知されている土地（以下「周知の埋蔵文化財包蔵地」という。）については、次に掲げる措置などがとられる。

①　土木工事等を目的として周知の埋蔵文化財包蔵地を発掘しようとする場合には、文化庁長官に届け出なければならず、文化庁長官は、埋蔵文化財の保護上特に必要があると認めるときは、発掘調査の実施その他の必要な事項（試掘調査、発掘調査、現状保存等）を指示することができる（文化財保護法93）。

②　土地の所有者等が出土品の出土等により貝づか、住居跡、古墳その他遺跡と認められるものを発見したときは、その現状を変更することなく、遅滞なく、文化庁長官に届け出なければならない（文化財保護法96）。

2　埋蔵文化財包蔵地の評価方法

(1)　基本的な考え方

　　埋蔵文化財包蔵地の評価方法については、下記のとおり、①原価方式、②比較方式及び③収益還元方式の3つの評価方式が考えられる。

①　原価方式

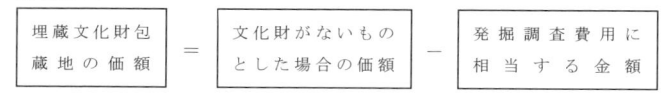

②　比較方式

　　埋蔵文化財による影響が評価対象地と類似する土地の売買実例を収集し、これに比較準拠する方式

③　収益還元方式

　　これらのうち、②比較方式は、多数の売買実例が収集できるときには、有効な方法であると考えられるが、埋蔵文化財包蔵地の売買実例の収集は困難であり、③収益還元方式についても、埋蔵文化財による影響を総合的に検討した上で純収益及び還元利回りを決定することは困難であることから、②及び③のいずれの方式についても標準的な評価方法とすることは難しいと考えられる。

　　一方、①原価方式は、「文化財がないものとした場合の価額」から「発掘調査費用に

相当する金額」を控除する方法として、国税不服審判所の裁決事例においてもその合理性が認められているなど、課税実務上の取扱いとして定着している合理的な評価方法であると考えられる。

(2) **埋蔵文化財包蔵地の意義等**

埋蔵文化財包蔵地として評価する土地は、課税時期において、埋蔵文化財を包蔵する土地とする。

なお、埋蔵文化財を包蔵する可能性があるなどの潜在的な段階では、埋蔵文化財包蔵地として評価することはできない。

また、評価対象地が周知の埋蔵文化財包蔵地に該当しない場合であっても、埋蔵文化財を包蔵する土地は、以下の理由から周知の埋蔵文化財包蔵地と同様に発掘調査等を実施することもあるため、埋蔵文化財包蔵地の評価の適用があることとする。

① 周知の埋蔵文化財包蔵地以外から文化財が出土した場合にも、文化財保護法第96条((遺跡の発見に関する届出、停止命令等))の規定に基づく届出義務があり、文化財の重要度に応じて土地の所有者等に経済的負担が生ずる可能性がある。

② 地方公共団体の取扱いによっては、周知の埋蔵文化財包蔵地に隣接する場合や一定の敷地面積以上の開発が行われる場合にも、試掘調査や発掘調査を実施することがある。

(3) **評価方法**

埋蔵文化財包蔵地の価額は、文化財がないものとした場合の価額から発掘調査費用に相当する金額を控除した金額によって評価する。

イ **文化財がないものとした場合の価額**

文化財がないものとした場合の価額は、文化財がないものとして路線価等に基づき評価した価額をいう。

ロ **発掘調査費用に相当する金額**

発掘調査費用に相当する金額は、文化財がないものとした場合の価額が地価公示価格水準の8割程度とされていることとのバランスから、発掘調査費用の見積額の80％相当額とする。

なお、発掘調査費用の見積額は、課税時期において最も合理的と認められる措置に基づき算定するのが相当である。

また、①土地所有者において発掘調査費用の負担が生じない土地のほか、②評価対象地が存する地域における標準的な土地の利用状況や発掘調査の実施状況等を踏まえ、発掘調査費用が生ずる蓋然性が低いと認められる土地については[注]、発掘調査費用に相当する金額はないものとして取り扱う。

（注） 例えば、評価対象地において、既に評価対象地が存する地域における標準的な土地の利用が実現している場合には、現状の利用を継続するのが一般的と考えられ、また、評価対象地の周辺において、その地域における標準的な土地の利用を実現する建物が、発掘調査を実施することなく建築等されている場合には、評価対象地においても発掘調査を実施することなく同種の建物の建築等を行うことができるものと考えられることから、原則としてこのような場合には、発掘調査費用が生ずる蓋然性が低いと認められる。

ハ 使用収益制限による減価及び心理的要因による減価

　埋蔵文化財包蔵地においては、発掘調査を実施することにより土地の使用収益に支障がなくなることとなるため、「使用収益制限による減価に相当する金額」を控除する必要はないものと考えられる。

　また、評価対象地の地中に埋蔵文化財が存することに起因する心理的要因による減価は通常想定されないことからすると、埋蔵文化財包蔵地の評価において「心理的要因による減価に相当する金額」を控除する必要はないものと考えられる。

┌ 算　　式 ──────────────────────────────

埋蔵文化財包蔵地の価額（注5）	=	文化財がないものとした場合の価額（注1）	−	発掘調査費用に相当する金額（見積額の80％相当額）（注2、3、4）

（注）　1　文化財がないものとした場合の価額は、文化財がないものとして路線価等に基づき評価した価額をいう。
　　　　2　文化財がないものとした場合の価額が地価公示価格水準の8割程度とされていることとのバランスから、発掘調査費用に相当する金額についてもその見積額の80％相当額とする。
　　　　3　発掘調査費用の見積額は、課税時期において最も合理的と認められる措置に基づき算定するのが相当である。
　　　　4　土地所有者において発掘調査費用の負担が生じない場合のほか、発掘調査費用が生ずる蓋然性が低い場合には、発掘調査費用に相当する金額はないものとして取り扱う。
　　　　5　発掘調査費用に相当する金額が文化財がないものとした場合の価額を上回る場合には、文化財がないものとした場合の価額を限度とする。

3　その他

　発掘調査費用の額が確定している場合の取扱いについては、土壌汚染地の評価に準ずることとする。

（参考1）埋蔵文化財包蔵地の減価要否（イメージ図）

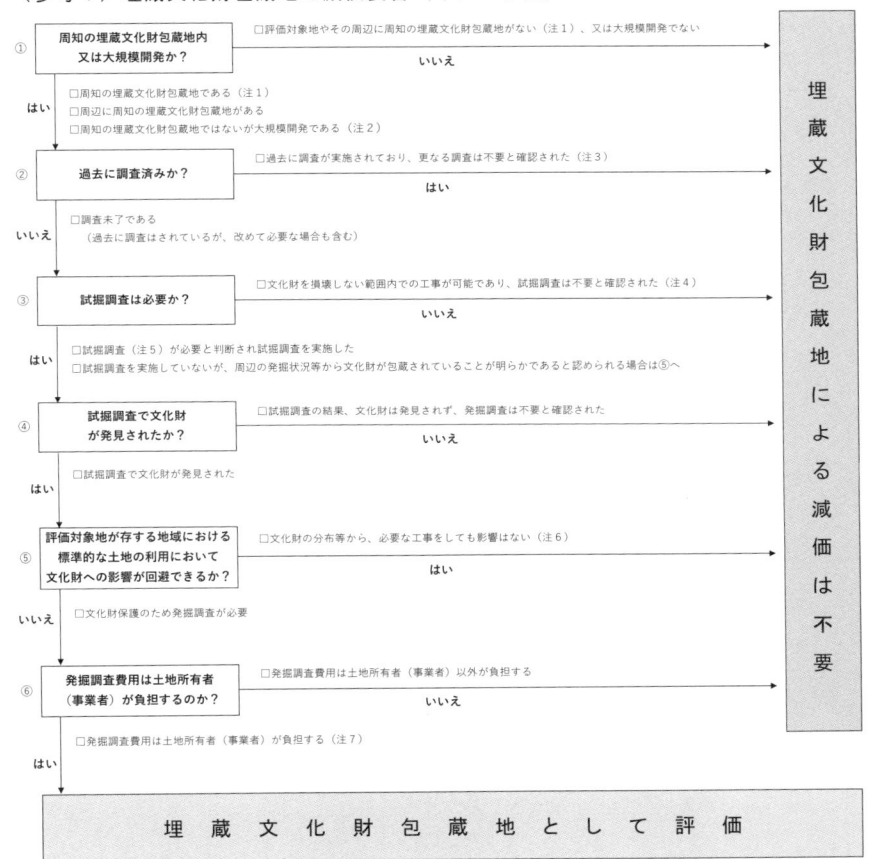

（注） 1　周知の埋蔵文化財包蔵地以外から文化財が出土した場合には、文化財保護法第96条に基づく届出義務があり、文化財の重要度に応じて、文化財保護のために工事の制限等がかかる可能性がある。この場合に、土地所有者（事業者）に経済的負担が生ずれば、周知の埋蔵文化財包蔵地と同様に土地の減価が必要であることに留意する。

　　　 2　地方公共団体によっては、周知の埋蔵文化財包蔵地に隣接する場合や一定の敷地面積の開発工事において、事前相談を行い、試掘調査を実施している。試掘調査の結果、文化財が出土した場合は、発掘調査を実施する可能性もある。

　　　 3　過去に調査が実施されている場合等は、慎重に工事を実施する指示がある。

　　　 4　建物の建築工事の基礎が浅い、掘削深度が浅い場合など、工事を実施しても文化財への影響が回避できる場合等は、試掘調査に代えて、行政が立会いの下に工事を実施する指示がある。

　　　 5　試掘調査における調査期間は通常数日、費用は原則として行政負担となる。

　　　 6　建物の基礎工事等で文化財に影響がある場合に発掘調査が必要になる。試掘調査で遺跡が発見される場合でも、建物の建築工事等による文化財への影響が回避できる場合は、発掘調査をせずに、工事着工が可能となることがある。例えば、文化財の分布が敷地の片隅にしかなく建物の建築工事等が文化財に与える影響が少ない場合には、慎重な工事や、行政が立会いの下に工事を実施する指示がある。

　　　 7　発掘調査費用は、原則として、個人の自己専用住宅は公費負担となり、それ以外の用途は土地所有者（事業者）が負担する。

○　文化財保護法（抄）

（この法律の目的）

第一条　この法律は、文化財を保存し、且つ、その活用を図り、もつて国民の文化的向
　　　上に資するとともに、世界文化の進歩に貢献することを目的とする。

（土木工事等のための発掘に関する届出及び指示）

第九十三条　土木工事その他埋蔵文化財の調査以外の目的で、貝づか、古墳その他埋蔵
　　　文化財を包蔵する土地として周知されている土地（以下「周知の埋蔵文化財包蔵地」
　　　という。）を発掘しようとする場合には、前条第一項の規定を準用する。この場合にお
　　　いて、同項中「三十日前」とあるのは、「六十日前」と読み替えるものとする。

２　埋蔵文化財の保護上特に必要があると認めるときは、文化庁長官は、前項で準用す
　　る前条第一項の届出に係る発掘に関し、当該発掘前における埋蔵文化財の記録の作成
　　のための発掘調査の実施その他の必要な事項を指示することができる。

（遺跡の発見に関する届出、停止命令等）

第九十六条　土地の所有者又は占有者が出土品の出土等により貝づか、住居跡、古墳そ
　　　の他遺跡と認められるものを発見したときは、第九十二条第一項の規定による調査に
　　　当たつて発見した場合を除き、その現状を変更することなく、遅滞なく、文部科学省
　　　令の定める事項を記載した書面をもつて、その旨を文化庁長官に届け出なければなら
　　　ない。ただし、非常災害のために必要な応急措置を執る場合は、その限度において、
　　　その現状を変更することを妨げない。

２　文化庁長官は、前項の届出があつた場合において、当該届出に係る遺跡が重要なも
　　のであり、かつ、その保護のため調査を行う必要があると認めるときは、その土地の
　　所有者又は占有者に対し、期間及び区域を定めて、その現状を変更することとなるよ
　　うな行為の停止又は禁止を命ずることができる。ただし、その期間は、三月を超える
　　ことができない。

３　文化庁長官は、前項の命令をしようとするときは、あらかじめ、関係地方公共団体
　　の意見を聴かなければならない。

４　第二項の命令は、第一項の届出があつた日から起算して一月以内にしなければなら
　　ない。

５　第二項の場合において、同項の期間内に調査が完了せず、引き続き調査を行う必要
　　があるときは、文化庁長官は、一回に限り、当該命令に係る区域の全部又は一部につ
　　いて、その期間を延長することができる。ただし、当該命令の期間が、同項の期間と
　　通算して六月を超えることとなつてはならない。

６　第二項及び前項の期間を計算する場合においては、第一項の届出があつた日から起
　　算して第二項の命令を発した日までの期間が含まれるものとする。

７　文化庁長官は、第一項の届出がなされなかつた場合においても、第二項及び第五項
　　に規定する措置を執ることができる。

8　文化庁長官は、第二項の措置を執つた場合を除き、第一項の届出がなされた場合には、当該遺跡の保護上必要な指示をすることができる。前項の規定により第二項の措置を執つた場合を除き、第一項の届出がなされなかつたときも、同様とする。

9　第二項の命令によつて損失を受けた者に対しては、国は、その通常生ずべき損失を補償する。

10　前項の場合には、第四十一条第二項から第四項までの規定を準用する。

6 産業廃棄物が存する土地の評価

> 　相続により取得した土地（以下「本件土地」という。）について、相続税納付のため不動産業者に売却したところ、本件土地中に産業廃棄物が埋設していることが判明した。
> 　そこで、不動産業者からの要求により、除去費用（3,000万円）を負担したが、当該除去費用を本件土地の評価額から減額できるか。

答

　本件土地については、課税時期において、産業廃棄物が地中に埋設されているのは明らかであるから、本件土地の評価額は、産業廃棄物が埋設されていないものとした場合の評価額から産業廃棄物除去費用に相当する金額を控除して評価するのが相当である。

【理由】

　産業廃棄物が埋設されている土地は、地中に物が埋まっていることにより利用制限が生じており、この利用制限をなくすには一定の除去措置が必要である。

　したがって、本件土地の評価額は、産業廃棄物がないものとした場合の評価額から産業廃棄物の除去費用に相当する金額を控除して求めることになるが、宅地等の相続税評価額は公示価格水準の80％としていることから、その除去費用に相当する金額は、実際の支出額の80％（3,000万円×80％＝2,400万円）とする。

　なお、「産業廃棄物が埋設されている土地」とは、課税時期において、産業廃棄物が埋設されていることが判明している土地であり、埋もれている可能性があるなどの潜在的な段階では、個別に斟酌することはできない。

　また、産業廃棄物の除去費用に相当する金額については、実際に除去を行い、その費用を負担している場合には、その除去費用に基づき算定して差し支えないが、見積書等によったものについては、その内容について吟味するとともに、近隣の産廃業者等からの聴取等を行うなど、適正に算定されているのか検討を行う必要がある。

【著者略歴】

井上 幹康 （いのうえみきやす）

井上幹康税理士不動産鑑定事務所

税理士・不動産鑑定士

早稲田大学理工学部応用化学科・同大学院卒、在学中に気象予報士試験合格。

平成 22 年　IT 系上場企業入社、経理実務全般を経験。

平成 24 年　税理士法人トーマツ（現デロイトトーマツ税理士法人）高崎事務所に入社、東証一部上場企業含む法人税務顧問、組織再編、IPO 支援、M&A の税務 DD 業務、セミナー講師、資産税実務を経験。

平成 30 年 7 月　税理士として独立開業。

令和 3 年 4 月　不動産鑑定業開業。

事例でつかむ

税務に活かす不動産鑑定評価

相続税申告・土地建物の内訳算定・
建物法人化スキーム・取得費不明時

2024年10月30日　初版発行

著　　　者	井上幹康	
発　行　者	大坪克行	
発　行　所	株式会社 税務経理協会	

〒161-0033東京都新宿区下落合1丁目1番3号
http://www.zeikei.co.jp
03-6304-0505

印　刷　所	株式会社技秀堂
製　本　所	牧製本印刷株式会社
デ ザ イ ン	中濱健治
編　　　集	中村謙一

本書についての
ご意見・ご感想はコチラ

http://www.zeikei.co.jp/contact/

ISBN 978-4-419-07233-9　C3034